Yale Language Series

Мракобесние
DARK DEVIL

News from Russia

Language, Life, and the Russian Media

Andrei Bogomolov
Moscow State University

Marita Nummikoski
The University of Texas at San Antonio

Yale University Press   New Haven and London

Acknowledgments

The authors thank Sandra Rosengrant of Portland State University, Michael Long of Baylor University, and Benjamin Rifkin of the University of Wisconsin-Madison for reviewing their manuscript.

Publisher: Mary Jane Peluso

Editorial Assistant: Gretchen Rings

Manuscript Editor: Karen Hohner

Managing Editor: Jenya Weinreb

Interior Designer: Karen Hohner

Production Controller: Karen Stickler

Marketing Manager: Timothy Shea

Set in Times CY, Lucida Grande CY, and Cyrillic II type by Karen Hohner. The CyrillicII font used to print this work is available from Linguist's Software, Inc., PO Box 580, Edmonds, WA 98020, USA; tel (425)775-1130; www.linguistsoftware.com

Printed in the United States of America.

ISBN 0-300-10437-5
Library of Congress Control Number: 2004108427

Catalogue records for this book are available from Library of Congress and the British Library.

The paper in this book meets the guidelines for permanence and durability of the Committee on Production Guidelines for Book Longevity of the Council on Library Resources.

10 9 8 7 6 5 4 3 2 1

Contents

Class Activities 34

- Государственные символы Российской Федерации
  - Двуглавый орёл
  - Российский триколор
- Структура власти
  - Президент Российской Федерации
  - Правительство РФ
  - Федеральное Собрание
- Функции президента и парламента

Экстра: Конституция России и История Российской Федерации 46

Тема 3
Официальная хроника: встречи, визиты, переговоры 51

Vocabulary Development 52

- Roots
- Geographical Adjectives
- **Круг vs. круги**
- Газетно-публицистический стиль
  - Verb + noun phrases
  - Indefinite and passive constructions
  - Participles (Verbal adjectives)
  - Gerunds (Verbal adverbs)
- Acronyms

Class Activities 62

- Встречи и визиты
- Путин в США
- Заметки
- Учимся делать презентацию газетной публикации
- Мнения россиян

Тема 4
Экономика и бизнес: деловые контакты с Россией 77

Vocabulary Development 78

- Roots
- Expressing Change (in Prices, etc.)
- Frequently Used Units

- Expressing Approximation
- Notes on Numbers
- Decimal Fractions
- Abbreviations

Class Activities   92

- Сколько стоит?
- Самые дорогие города мира
- Новости экономики
- Бюджет Москвы
- Мнения россиян

Экстра: Интервью   101

- «Правда об иностранцах в России»

Тема 5
Война и мир: очаги вооружённых конфликтов   107

Vocabulary Development   108

- Roots
- Abbreviations

Class Activities   115

- Армия и служба
  - Вооружённые силы России
  - Призыв в РА
  - Альтернативная служба
- Военная техника
- Источник информации
- Вооружённые конфликты
- Угроза войны
- Мнения россиян

Экстра: Борьба с терроризмом 127

- Америка наносит ответный удар
- Россия не хочет стать для талибов «сатаной номер 2»

Preface

News from Russia is an intermediate/advanced-level text on the Russian media intended for use in a one-semester course (3 semester credit hours).

News from Russia teaches the Russian language in context by introducing the learners to various aspects of modern Russian life as seen through printed mass media, especially Internet media sources. The approach and contents make *News from Russia* suitable for a broad range of audiences, from traditional language majors and minors to students majoring in the humanities, communication, and international business.

News from Russia serves as a launching pad to more advanced work with Russian media, such as live television news broadcasts. Understanding authentic spoken language, especially the official language of the news, requires very specific vocabulary skills, and *News from Russia* gives the basic cultural and linguistic background needed for such advanced work.

News from Russia deals with the factual themes most often encountered in the press, such as government and politics, business and economics, armed conflicts, and accidents and catastrophes. It starts with an introductory chapter, which explains the basic vocabulary of the press and the most typical layout of newspapers, including headings, columns, etc. It also gives detailed information about the history, popularity, and intended audience of various newspapers and magazines.

All five chapters have the same format. The section *Vocabulary Development*, intended mainly for homework, first introduces the key vocabulary and the most typical phrases. Following the vocabulary is a list of Roots, where applicable lexical items are grouped according to their etymology. These two presentations of the vocabulary are followed by contextual applications of the new lexicon.

The main section, called *Class Activities,* puts the vocabulary in action through various communicative tasks. When applicable, the tasks are preceded by background information dealing with the context, cultural nuances, or lexical idioms. The activities are based on authentic excerpts from Russian media sources, and they include discussions, oral reports, summaries, and reviews. In order to cater to the needs of students at different skill levels, most chapters have a variety of tasks best suited for advanced students of Russian. These activities are located in the *Extra* section at the end of the chapter.

In order to keep the materials current, *News from Russia* requires extensive use of the Internet. Each chapter has extensive written Web-based tasks, which can be accessed on the *News from Russia* Web site (http://mllc.utsa.edu/smi). These tasks will be constantly updated.

News from Russia is a multi-tiered textbook, which aims to achieve several interrelated goals. It develops cultural understanding by providing information about modern Russian society, not only in the main readings, but also in the form of charts, tables, and opinion polls. Although *News from Russia* focuses mostly on reading skills, oral interaction with the material in the classroom combined with written homework will enhance students' skills in all four areas. The linguistic goal of *News from Russia* is to prepare students to read Russian mass media sources on different themes and genres, to give oral reports, to participate in discussions, and to write summaries and reviews, to the degree appropriate for intermediate or advanced level skills.

News from Russia presupposes the knowledge of basic Russian grammar, and therefore it does not teach the structure of language beyond lexical and stylistic aspects. Rather, the authors assume that language acquisition takes place when students are involved in using the language for communication.

News from Russia is thematically linked with a Multimedia Distance Learning course housed at the Center for International Education at Lomonosov Moscow State University (http://dist-learn.ru). The course is based on original news stories from Russian television and can be used as a video supplement for *News from Russia*.

The following symbols are used in the textbook:

 Roots, a section on Russian word formation

 Class discussion or group activity

 Answer key to the exercises, located on the textbook Web site (http://mllc.utsa.edu/smi)

 Internet activity, accessed through the textbook Web site

Тема 1

Средства массовой информации: пресса, телевидение, радио

ЧТО МЫ УЗНАЕМ?

- об истории российских средств массовой информации
- о структуре российской прессы и российского телевидения
- о популярности российских газет, журналов, телеканалов и радиопрограмм

ЧТО МЫ СМОЖЕМ?

- ориентироваться в российских газетах и журналах, выбрать по заголовку статью на интересующую тему
- ориентироваться в телеканалах и телепрограммах российского телевидения
- рассказать о структуре российских периодических изданий
- рассказать о российских средствах массовой информации

Vocabulary Development

аге́нтство *agency*
аудито́рия *audience*
   чита́тельская ~ *readership;* **зри́тельская ~** *TV audience*
веду́щий *(subst. adj.)* *anchor, host (of a program)*
   теле~; ~ радиопереда́чи
веща́ние (= трансля́ция) *broadcast, program*
веща́ть (= трансли́ровать) *to broadcast*
   ~ по ра́дио; ~ по телеви́дению
вы́пуск *issue*
газе́та *newspaper*
журна́л *journal, magazine*
заголо́вок (= назва́ние) *heading, title*
заме́тка *note, news brief*
зри́тель *m.* *viewer*
издава́ть / изда́ть *to publish*
изда́ние *edition*
изда́тельство *publishing house, publisher, press*
информа́ция *information*
   дава́ть ~ю *to give information;* **находи́ть ~ю** *to look for information;*
   собира́ть ~ю *to collect information*
исто́чник *source*
назва́ние (= заголо́вок) *heading, title*
но́вость *f.* *news*
передава́ть / переда́ть (= трансли́ровать) *to broadcast, to show*
переда́ча (= програ́мма) *program*
   ра́дио~; теле~
печа́ть *f.* **(= пре́сса)** *press*
подпи́ска *subscription*
подпи́сываться / подписа́ться *to subscribe*
   ~ на газе́ту/журна́л
пре́сса *press*
приложе́ние *addendum, attachment, extra*
   ~ к газе́те/журна́лу
публика́ция *publication*
публикова́ть / опубликова́ть (= печа́тать / напеча́тать) *to publish*
ра́дио *radio*
разде́л *section*
   ~ в газе́те; ~ в журна́ле
реда́ктор *editor*
   гла́вный ~ *editor-in-chief*
реда́кция *editorial office*
   ~ газе́ты; ~ журна́ла; ~ телепрогра́ммы
рекла́ма *commercial, advertisement*
ру́брика *subsection*

сообща́ть/сообщи́ть   *to announce*
   ~ по телеви́дению; ~ по ра́дио; ~ в пре́ссе
сообще́ние   *announcement*
сре́дства ма́ссовой информа́ции, СМИ   *media*
статья́   *article*
телеви́дение   *television*
телекана́л (= телевизио́нный кана́л)   *TV channel*
телепрогра́мма (= телепереда́ча)   *TV program*
теле(радио)компа́ния   *broadcasting company*
тира́ж   *circulation*
трансли́ровать (= веща́ть)   *to broadcast*
экра́н   *screen*
эфи́р   *ether;* (fig.) *air*
   в ~е   *on the air*

 Roots

ДА- *give*	ПИС- *write*
передава́ть / переда́ть *to pass, to convey*	писа́ть *to write*
	писа́тель *writer*
переда́ча *program*	пи́сьменный *writing, written*
издава́ть / изда́ть *to publish*	подпи́сываться / подписа́ться *to subscribe*
изда́ние *publication*	
изда́тельство *publisher (company)*	подпи́ска *subscription*

1. *Check your comprehension of the following phrases.*

- информационное **агентство**
- **аудитория** радиослушателей, аудитория телезрителей (= зрительская аудитория), аудитория читателей (= читательская аудитория)
- радио**вещание**, телевещание, круглосуточное[1] вещание
- **ведущий** телепрограммы, ведущий ток-шоу
- информационный **выпуск,** выпуск телевизионной программы
- периодическое **издание**, пост-перестроечное[2] издание
- **источник** информации, компетентный (= информированный) источник
- важная **новость**, сенсационные новости, обзор[3] новостей
- годовая **подписка** на журнал «Огонёк»
- иностранная **пресса**, местная пресса
- бесплатное[4] **приложение** газеты, воскресное приложение, тематическое приложение

---
[1] *around-the-clock*   [2] *post-perestroika*   [3] *overview*   [4] *free*

- российское **радио**, радиостанция, радиоволна[5], радиопередача
- **сообщать/сообщить** в средствах массовой информации
- официальное **сообщение**
- кабельное **телевидение**, спутниковое[6] телевидение, канал телевидения
- государственный **телеканал**, коммерческий телеканал, независимый[7] телеканал

---

[5] *волна: wave*   [6] *satellite*   [7] *independent*

2. *Define the following items using the vocabulary below. Add other information as appropriate.*

Кто такие …	Что такое …	Что такое …
Jay Leno?	*Saturday Night Live?*	BBC?
Katie Couric?	Reuters?	Yale University Press?
	NBC?	

издательство Йэльского университета
международное информационное агентство
национальная телевещательная корпорация
ведущий ток-шоу
развлекательная[1] телепрограмма
ведущая телепередачи «Сегодня»
радио- и телевещательная корпорация Великобритании

---

[1] *entertaining*

3. *Use the adjectives from the shaded columns to rephrase the descriptions below.*

Как часто?	Какой?	Когда?	Какой?
каждый день	ежедневный	утром	утренний*
раз в неделю	еженедельный	вечером	вечерний*
раз в месяц	ежемесячный	сегодня	сегодняшний*
раз в год	ежегодный	вчера	вчерашний*

*soft adjectives **-ий, -яя, -ее, -ие**

▶ журнал, выходящий раз в неделю — *еженедельный журнал*

1. передача, которая выходит по утрам
2. приложение, которое выходит раз в месяц
3. информационный выпуск, транслируемый каждый день
4. новости, которые вы слышали вчера
5. издание, которое выходит раз в год
6. газета, которая вышла сегодня
7. программа, которая транслируется по вечерам

- Как часто выходит этот выпуск газеты «Комсомольской правды»?
- Какой тираж у этой газеты?

Тема: Часовое обозрение

быпуск **28** (54)

день выхода **20 февраля 2002 г.**

http://www.aif.ru

- Это обычное издание газеты «Аргументы и факты»?
- «Аргументы и факты» — это ежедневная газета?

4. *Match the columns.*

1. пресса, телевидение, радио	_____ главный редактор
2. телевидение, интернет	_____ воскресное приложение
3. люди, которые смотрят телеканал	_____ зрительская аудитория
4. человек, отвечающий за качество статей в газете	_____ печатные средства массовой информации
5. газеты, журналы	_____ свежая газета
6. сегодняшний номер газеты	_____ средства массовой информации
7. дополнительная часть газеты, которая издаётся по воскресеньям	_____ электронные средства массовой информации

Информационные агентства

ТАСС (Телеграфное Агентство Советского Союза) was the state-run news agency of the former Soviet Union. Recently the agency was renamed **Телеграфное Агентство Стран Содружества,** and it was combined with **ИТАР (Информационное телеграфное агентство России).**

http://www.itar-tass.com

5. *Match the abbreviations with the corresponding definitions.*

1. СМИ _____ Агентство новостей «Информационное молодёжное агентство»
2. РИА «Новости» _____ Газета «Аргументы и факты»
3. АН «ИМА-пресс» _____ Газета «Комсомольская правда»
4. ИА «Интерфакс» _____ Газета «Московский комсомолец»
5. «АиФ» _____ Газета «Независимая газета»
6. ТВЦ _____ Информационное агентство «Интерфакс»
7. РТР _____ Информационное телеграфное агентство России
8. ИТАР-ТАСС _____ Российское информационное агентство «Новости»
9. «КП» _____ Средства массовой информации
10. «НГ» _____ Телеканал «Российское телевидение и радио»
11. «МК» _____ Телекомпания «Независимое телевидение»
12. «НТВ» _____ Телекомпания «ТВЦентр»

🖥 http://mllc.utsa.edu/smi

6. *Работаем в интернете.* *Complete Web Worksheet 1-1.*

7. *Read and translate the following headlines. Decipher the abbreviations.*

• Еженедельник «АиФ Москва» открывает новую рубрику «За стеклом радиостудии».

• Корреспонденты «КП» окончили школу заново.

• Обаятельная ведущая новостей канала ТВЦ вернулась после шестимесячного отсутствия.

• Ответы на политический кроссворд опубликованы в новогоднем номере «НГ».

• Союз журналистов России предлагает новую политику для СМИ.

• Сегодня в эфире на НТВ: «Новые приключения Супермена».

Словообразование

издавать / издать	издание	издатель	издательство	издательский
передавать / передать	передача			
сообщать / сообщить	сообщение			
вещать	вещание			вещательный
слушать		слушатель		слушательский
читать		читатель		читательский
		зритель		зрительский
транслир|ова|ть*	трансляция			
информир|ова|ть*	информация			информационный
публик|ова|ть*	публикация			

*транслирую, -ешь, -ют; информирую, -ешь, -ют; публикую, -ешь, -ют

8. *Complete the sentences using the vocabulary from the word formation table in the correct form.*

1. Yale University Press — это известное американское _____.
   Yale University Press is a famous American publishing house.

2. «Коммерсантъ-Власть» — это _____ еженедельник _____ дома «Коммерсант».
   "KV" is an informational weekly publication by the Commersant publishing house.

3. Газета «АиФ» имеет широкую _____ аудиторию.
   "AiF" has a wide readership.

4. _____ аудитория Первого канала — вся территория России.
   The TV audience of Channel One consists of the entire territory of Russia.

5. Телеканал РТР «Россия» начал своё _____ 13 мая 1991 года.
   Channel RTR Russia began its broadcasting on May 13, 1991.

6. Журнал «Профиль» еженедельно _____ материалы о политике.
   "Profile" publishes materials about politics weekly.

7. ТВ Центр стал первым телеканалом, который начал прямую _____ своих _____ в интернете.
   TV Center was the first channel to start direct broadcasting of its programs on the Internet.

8. В течение советского времени «Огонёк» оставался консервативным _____.
   During Soviet times "Ogonyok" remained a conservative publication.

9. Газета «Известия» _____ с 1917 года.
   "Izvestia" has been published since 1917.

Class Activities

ПРЕССА

Это важно знать!

Все газеты и журналы состоят из нескольких **разделов** (страниц), в каждом из которых печатаются заметки и статьи на определённую тему. (Например, о политике внутри страны, о событиях за границей, об экономике и экономических контактах России с другими странами и так далее.)

Для того, чтобы лучше ориентироваться в печатном издании, быстрее найти статью на интересующую тему, в разделах газет и журналов часто выделены **рубрики**. (Например, в разделе «Спорт» могут быть такие рубрики: «Футбол», «Баскетбол», «Шахматы», «Хроника» и так далее.)

СПОРТ	= раздел
Шахматы	= рубрика
Крамник выиграл вторую партию в матче против Deep Fritz	= заголовок
В воскресенье в столице Бахрейна Манаме чемпион мира по шахматам Владимир Крамник одержал победу во второй партии матча против компьютерной программы Deep Fritz....	= заметка (*news brief*)

1. Рубрики и разделы. *Categorize the subsections (рубрики) into the six main sections (разделы) selected from the box below. Some topics may fit in more than one section.*

П Дипломатия	_____ Визит	_____ Катастрофы
_____ Криминальная хроника	_____ Партнёры	_____ Переговоры
_____ Точка зрения	_____ Цифры и факты	_____ Театральные премьеры
_____ Финансы	_____ Гастроли	_____ Кинофестиваль
_____ Секундомер	_____ Хоккейное обозрение	_____ Позиция
_____ Торговля	_____ Вернисаж	_____ Шопинг
_____ Дневник Олимпийских игр		

ПОЛИТИКА (П)	МНЕНИЯ (М)	КУЛЬТУРА (К)
ЭКОНОМИКА (Э)	ПРОИСШЕСТВИЯ (ПР)	СПОРТ (С)

2. 🗨 *Заголовки. Как вы думаете, о чём говорится в следующих статьях? В каком разделе они могут быть? Придумайте новые названия разделов.*

1. «Десять российских политиков XX столетия»
2. «Россия — жизненно важный партнёр Европы»
3. «Москва и Вашингтон: поиски взаимопонимания»
4. «Легко ли быть молодым в России?»
5. «Женское счастье: работа или семья?»
6. «Есть ли жизнь без телевизора?»
7. «Великий хоккейный вратарь»
8. «Американцы не могут жить без гамбургеров. Так ли это на самом деле?»
9. «Сигареты — это не сексуально»
10. «Умом российский рынок не понять»*
11. «Продай оружие!»*
12. «Где на Руси жить хорошо?»*
13. «К нам едет президент»*

3. 🗨 *Давайте поговорим!*

- На какие газеты или журналы вы подписываетесь?
- Какие журналы вы читаете? Как часто они выходят?
- Назовите самые известные и самые популярные газеты и журналы в вашей стране. Чем объясняется их популярность?
- Какие молодёжные журналы популярны? Почему?
- Откуда, по вашему мнению, предпочитают получать информацию жители вашей страны: по телевидению, по радио, из газет (журналов) или из интернета? Аргументируйте свой ответ.
- Что, на ваш взгляд, является основным источником информации для россиян: телевидение, периодические издания, радио или интернет? Аргументируйте свой ответ.

---

*These titles contain word plays with quotes from the following well-known literary works:
«Умом Россию не понять» — стихотворение Ф. И. Тютчева
«Прощай оружие» *(A Farewell to Arms)* — роман Э. Хэмингуэй
«Кому на Руси жить хорошо?» — поэма Н. А. Некрасова
«К нам едет ревизор!» — из комедии Н. В. Гоголя «Ревизор»

4. *Самые популярные периодические издания.* Read the descriptions of the most popular Russian periodicals and answer the true-false questions that follow.

(Материалы и лого взяты из интернет-сайтов периодических изданий. Все адреса находятся на сайте http://mllc.utsa.edu/smi.)

■ Аргументы и факты

Еженедельная общественно-политическая газета. Объём газеты 24 страницы. Газета выходит с 1979 г. Читательская аудитория — страны бывшего Советского Союза, Восточная и Западная Европа, США, Канада, Израиль, Австралия. Средний возраст читателей 30–35 лет. 18% аудитории — специалисты с высшим образованием. «АиФ» имеет 62 региональных приложения. Например, «АиФ — Воронеж», «АиФ — Курск», «АиФ — Магадан» и другие. Большой популярностью у читателей пользуются и тематические приложения. Например, «АиФ Я — Молодой», «АиФ Здоровье», «АиФ На даче», «АиФ Любовь» и другие.

В газете публикуются материалы, представляющие интерес для широкого круга читателей. Главное для газеты — оперирование фактами. Поэтому доминирующий жанр публикаций — актуальное интервью. Кроме того, в еженедельнике публикуются ответы специалистов на вопросы читателей.

■ Известия

Газета политической, экономической, культурологической информации. Издаётся с 1917 г. Объём 6–8 страниц. Читательская аудитория — страны бывшего СССР, зарубежные страны. Газета относится к разряду качественных газет. С начала перестройки «Известия» отошла от принципов партийной прессы и превратилась в газету либерально-демократической ориентации.

■ Итоги

Итоги — один из лучших в России еженедельных журналов. Создан в апреле 1996 г. как совместный проект американского журнала «Ньюсуик» и влиятельной российской группы «Мост». Материалы выполнены на высоком профессиональном уровне и в стиле западных аналитических еженедельников.

■ Коммерсант

КОММЕРСАНТЪ Общественно-политическая газета с самым сильным деловым блоком, первое и наиболее серьёзное издание из числа ежедневных газет общего и делового направления. В газете публикуются все важнейшие новости дня, даётся анализ проблем и событий, предлагается актуальное освещение экономических и политических процессов, финансовых рынков.

Газета «Коммерсант» была основана в 1909 г., но с 1917 по 1991 гг. не выходила. Объём 12 страниц. Читательскую аудиторию газеты составляют, в основном, люди с высшим образованием, находящиеся на руководящих постах и серьёзно занимающиеся бизнесом, финансами, производством. Больше половины из них работают в частных компаниях.

■ Комсомольская правда

Ежедневная молодёжная газета. Выходит с 1925 г. Объём 8–10 страниц. Интерес различных возрастных групп к «КП» объясняется стремлением газеты держать своего читателя в курсе основных политических и экономических событий. С 1999 г. «КП» выходит также по воскресеньям и называется в народе «Толстушка». Объём еженедельника (воскресного выпуска) — 24 страницы. Читательская аудитория «КП» — Россия и страны бывшего СССР.

■ Московский комсомолец

Ежедневная общественно-политическая молодёжная газета. Издаётся с 1919 г. Объём 4–6 страниц. Газета распространяется в Москве, Московской области и других регионах России. Газета имеет широкую читательскую аудиторию. Одни читатели видят в «МК» массовое издание, другие — бульварную газету, третьи — газету, в которой всегда печатаются скандальные материалы. Все эти проявления имеют место в содержании, оформлении, заголовках газетных материалов. «МК» имеет типичный для таблоида (бульварной газеты) тираж и набор новостей на первой странице. Оригинальность, своеобразие мнений, острота публикаций привлекают внимание и молодёжной аудитории, и читателей старших возрастных групп.

■ Независимая газета

Общественно-политическая газета. «НГ» — лидер новой качественной прессы России. Издаётся с 1990 г. Объём 8 страниц. Это одна из первых газет, которая стала издаваться вне политического контроля КПСС. Во время путча в августе 1991 г. была запрещена путчистами-членами ГКЧП (Государственным Комитетом по чрезвычайному положению). В качестве лозунга газета взяла слова из «Анналов» древнеримского историка Тацита "Sine ira et studio", что означает «Без гнева и пристрастия». Сегодняшняя «Независимая Газета» — это ежемесячный рейтинг «100 ведущих политиков России», множество приложений по политике, экономике, культуре, науке, религии, жизни регионов России.

■ Огонёк

Общенациональный, общественный, литературно-художественный журнал для всей семьи.

Первый номер «Огонька» вышел в свет в декабре 1899 года как еженедельное иллюстрированное литературно-художественное приложение к газете «Биржевые ведомости». Долгое время «Огонёк» был единственным российским еженедельником, который совмещал традиции «Лайфа» и «Тайма», «Пари матч» и «Шпигеля». С 1902 года «Огонёк» стал самостоятельным, самым дешёвым и очень популярным журналом (тираж составлял 120 тысяч экземпляров). В 20-ые годы окончательно оформились черты стиля этого журнала: портрет знаменитого человека на обложке, рассказ и стихи в каждом номере, иногда — детектив с продолжением, фоторепортаж и яркие цветные репродукции шедевров мировой культуры и советской живописи. С помощью «Огонька» формировались эстетические вкусы поколений, «эстетика миллионов».

В течение всего советского времени «Огонёк» оставался консервативным изданием с большим количеством иллюстраций на своих страницах. Однако с началом перестройки (главный редактор Виталий Коротич) журнал полностью изменился. Публицистика «Огонька» стала школой демократии. Сегодня «Огонёк» по-прежнему стоит на жёстких политических позициях. Он поддерживает нынешнее правительство только в рамках проводимых им демократических реформ. «Огонёк» по-прежнему много места уделяет культуре и литературе.

■ Правда

Газета основана в 1912 г. Издатель газеты — акционерное общество «Правда интернэшнл». Объём 4–8 страниц. Это газета традиционно коммунистической ориентации и является печатным органом Коммунистической партии Российской Федерации. Читатели — широкая аудитория стран бывшего СССР и зарубежные страны. Газета выходит три раза в неделю.

■ Профиль

Популярный деловой журнал выходит с 1996 г. Журнал еженедельно публикует материалы о влиятельных персонах политики, бизнеса и культуры. Каждые три месяца на страницах «Профиля» печатаются рейтинги российских банков. Журнал рассчитан на экономистов, предпринимателей, бизнесменов, специалистов финансовых структур.

■ Российская газета

Официальная газета, в которой публикуются новые законы и указы Президента, постановления Правительства и Парламента, а также новости официального характера. «РГ» выходит с 1990 г. Объём 8 страниц. Газета распространяется только в России.

■ Собеседник

Иллюстрированный молодёжный еженедельник, который выходит с 1984 г. Объём 24 страницы. Эта газета ориентирована на молодёжную читательскую аудиторию России и стран бывшего СССР. В настоящее время эта газета стала таблоидом (массовой бульварной газетой), которая публикует материалы о «звёздах», политических скандалах, сексе, спорте, музыке. «Собеседник» напоминает таблоид типа английской газеты «Сан».

■ Speed–Инфо

Ежемесячная научно-популярная газета. Объём 32 страницы. Выходит с 1989 г. Так же как и «Собеседник», «Speed-Инфо» ориентирован, в основном, на молодёжную аудиторию. Как все постперестроечные периодические издания, эту газету отличают новые стандарты журналистики: информационная и факто-логическая насыщенность в репортажах и комментариях. Газета уделяет большое внимание оформлению материалов — печатается множество цветных фотографий. Газета имеет широкую читательскую аудиторию.

Вопросы

	Да	Нет
1. «АиФ» имеет широкую читательскую аудиторию за рубежом.	☐	☐
2. «Известия» — это газета коммунистической ориентации.	☐	☐
3. «Итоги» — это качественный журнал типа «Тайм» и «Ньюсуик».	☐	☐
4. Газета «Коммерсант» была основана в советское время.	☐	☐
5. В «КП» публикуются основные политические и экономические события дня.	☐	☐
6. «МК» считается бульварной газетой (таблоидом).	☐	☐
7. «НГ» считается самой качественной газетой в России.	☐	☐
8. После перестройки «Огонёк» превратился в таблоид.	☐	☐
9. «Правда» — это газета Коммунистической партии.	☐	☐
10. «Профиль» публикует материалы, интересующие молодёжь.	☐	☐
11. «РГ» публикует материалы официального характера.	☐	☐
12. «Собеседник» — это молодёжный таблоид, выходящий раз в неделю.	☐	☐
13. «Speed-Инфо» — это новая газета для любителей автомобилей и мотоциклов.	☐	☐

5.  *Опрос.*

А. *Познакомьтесь с результатами социологического опроса россиян, который проводился в январе 2002 года. Какие газеты и журналы самые популярные? Чем объясняется их популярность?*

Название газеты, журнала	Аудитория одного номера
«Аргументы и факты» (газета) и приложения	17%
«Известия» (газета)	2%
«Итоги» (журнал)	2%
«Коммерсант» (газета)	2%
«Комсомольская правда» (газета) и приложения	14%
«Московский комсомолец» (газета)	15%
«Независимая газета» (газета) и приложения	2%
«Огонёк» (журнал)	1%
«Правда» (газета)	1%
«Профиль» (журнал)	2%
«Российская газета» (газета)	2%
«Собеседник» (газета)	4%
«SPEED-Инфо» (газета)	15%

*Материал был подготовлен российской компанией Gallup Media
и опубликован в интернете: http://www.gallupmedia.ru*

http://mllc.utsa.edu/smi

В. *Find out more about Russian newspapers and magazines and their current ratings. Report the results to the class.*

Учимся делать презентацию газеты/журнала

- Я хочу представить газету (журнал), которая (который) называется «…»
- Эта газета издаётся с…
- Тираж газеты … экземпляров
- Объём газеты … страниц
- Это ежедневная (еженедельная…) общественно-политическая (молодёжная, бульварная…) газета
- Читательская аудитория газеты — широкий круг читателей/молодёжь/бизнесмены/политики…
- Если говорить о популярности нашего издания, то она составляет … % читателей
- В нашей газете/нашем журнале печатаются материалы на политические (социальные…) темы
- Этот номер газеты состоит из таких разделов, как: «…», «…», …
- В разделах «…», «…» представлены такие рубрики, как: «…», «…».

- В этом номере публикуются материалы о…

- Хочу остановиться на оформлении газеты. В этом номере газеты много/мало/несколько фотографий (рисунков, карикатур, фотоколлажей…)

- Посмотрите, например, на эту карикатуру/фотографию… На ней изображён (изображена, изображено, изображены)… Можно объяснить её следующим образом: …

- В этом номере газеты публикуются графики (статистические данные), которые помогают лучше понять такую проблему, как…

- В этой газете есть материал, который представляет для меня интерес, потому что… По сравнению с газетами моей страны, эта газета… (в этой газете…)

6. *Презентации. Prepare an oral presentation on a newspaper or magazine of your choice (Russian or American). Tell your classmates about its structure, themes, layout, etc., using the constructions above as applicable.*

7. *Давайте поговорим! Чем отличаются российские газеты от американских? Обратите внимание на следующие критерии:*

- объём и формат газеты
- количество, тип и размер рекламы (рекламных объявлений)
- количество иллюстраций (фотографий, рисунков, карикатур)
- объём статей
- тематика статей

ТЕЛЕВИДЕНИЕ

8. *Телеканалы. Read the descriptions of the most popular Russian TV channels and answer the questions that follow.*

(Материалы и лого взяты из интернет-сайтов телеканалов. Все адреса находятся на сайте http://mllc.utsa.edu/smi.)

■ Первый Канал

Первый канал (ОРТ, Общественное Российское телевидение) вышел в эфир 1 апреля 1995 года. Оно заняло место программ государственной телерадиокомпании «Останкино». Объём ежедневного вещания ОРТ — 19 часов. Язык вещания — русский (для ряда передач действует система сурдоперевода). Зрительская аудитория ОРТ — вся территория России (98% населения России), страны СНГ (бывшего Советского Союза, кроме стран Балтии). ОРТ — телекомпания, которая находится под контролем Общественного Совета, в который входят представители различных партий, социальных групп, религиозных течений, бизнесмены. В настоящее время телекомпания

ОРТ финансируется государством — 51% акций, а также негосударственными структурами (банками, фирмами) — 49% акций.

■ Телеканал «Россия»

Государственный телеканал «Россия» (раньше: РТР, Российское телевидение и радио) ведёт свою историю с мая 1991 года. Телеканал «Россия» — один из двух национальных телеканалов, вещание которых покрывает практически всю территорию России. Его аудитория составляет 98,5% населения России. Более 50 миллионов телезрителей смотрят телеканал «Россия» в странах СНГ и Балтии. После начала вещания международной версии «РТР-Планета» аудитория канала существенно увеличилась. Сегодня их программы смотрят жители Западной Европы, Ближнего Востока и Северной Африки. В планах канала — начало трансляций на Соединённые Штаты Америки.

Жанровую структуру вещания телеканала «Россия» составляют информационные программы, многосерийные телефильмы и сериалы, телепублицистика, ток-шоу, телевикторины, комедийные и игровые форматы, полнометражные художественные и документальные фильмы, трансляции спортивных и общественно-политических событий, зрелищных мероприятий.

■ Канал «ТВЦ»

Канал ТВЦ представляет телекомпанию ТВ Центр. Это московский городской телеканал. ТВЦ начал свою работу 9 июня 1997 года. ТВ Центр возник на базе коммерческого канала «2х2» («Дважды два») и «МТК» (Московского телеканала). Канал ТВ Центр является консорциумом эфирного, кабельного и спутникового телевидения. С 1998 года этот телеканал начал вещать на всю территорию России. Зрительскую аудиторию телеканала составляет 40% населения России. ТВ Центр стал первым телеканалом, который начал представлять свои передачи в компьютерной сети интернет.

■ Канал «Независимое телевидение»

Канал «Независимое телевидение» представляет негосударственную телекомпанию «Независимое телевидение». Канал начал свою работу в январе 1994 года. Телекомпания НТВ, газета «Сегодня», журнал «Итоги» и радиостанция «Эхо Москвы» входят в состав первого в России частного холдинга «Медиа-Мост». В зоне вещания НТВ — значительная часть территории России и страны бывшего Советского Союза.

В январе 2001 года в результате некоторых финансовых преобразований, которые произошли в холдинге «Медиа-Мост», у компании появились новые акционеры, новый генеральный директор. Была закрыта газета «Сегодня», изменил свою структуру журнал «Итоги», также ряд тележурналистов перешли на другие телеканалы.

■ Канал «Культура»

Канал «Культура» — государственный телеканал, который начал свою работу в 1997 году. Он является частью телекомпании «Россия». Специфика этого телеканала — программы о культуре России, её историческом прошлом и настоящем. В центре внимания информационной программы «Новости культуры» — не политические новости, а события культурной жизни России.

■ Канал «ТВС»

Канал «ТВС» — некоммерческое партнерство «Медиа-Социум», в которое наряду с крупными российскими предпринимателями вошла команда тележурналистов «ТВ-6». Телеканал «ТВС» начал своё вещание 1 июня 2002 года на базе первого частного российского телеканала «ТВ-6». Особой популярностью этот канал пользуется у студентов университетов, интелигенции, предпринимателей.

Из-за финансовых трудностей и в результате организационных преобразований вещание на этом телеканале весной 2003 года было прекращено. В настоящее время на частоте этого канала работает государственный телеканал «СПОРТ».

Вопросы

1. Какой канал телевидения России находится под контролем Общественного Совета, состоящего из бизнесменов, представителей различных партий, движений, социальных и религиозных групп?

2. Какой канал начал первым из российских телеканалов представлять свои передачи в интернете?

3. Назовите телеканалы, которые являются негосударственными на российском телевидении.

4. Назовите телевизионные каналы, которые являются сегодня государственными каналами России.

5. В центре внимания информационных программ какого телеканала — неполитические новости?

6. Какой телеканал представляет собой некоммерческое партнёрство?

7. У каких телеканалов самая большая зрительская аудитория в России?

9. 🗨 *Мнения россиян.*

А. *Познакомьтесь с графиками и рейтингом популярности основных телеканалов в Москве и в России. Соотнесите информацию об основных каналах телевидения России с результатами рейтинга. Как бы вы объяснили популярность этих телеканалов в Москве и в России?*

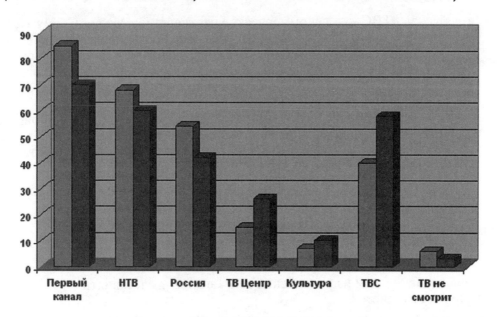

ПОПУЛЯРНОСТЬ ТЕЛЕКАНАЛОВ
(ЕВРОПЕЙСКАЯ ЧАСТЬ РОССИИ, ВКЛЮЧАЯ МОСКВУ И САНКТ-ПЕТЕРБУРГ)

(Материалы были опубликованы в журнале «Итоги», май 2002.)

А у вас?

- Какие телевизионные каналы есть в вашей стране?
- Какие телеканалы вы предпочитаете смотреть? Расскажите о них.

http://mllc.utsa.edu/smi

В. *Работаем в интернете. Find out more about the TV companies and their current ratings and report the results to the class.*

10. 💬 *Мнения россиян. Познакомьтесь с данными социологического опроса аудитории российских телезрителей, который провёл ВЦИОМ (Всероссийский центр изучения общественного мнения) в декабре 2001 г. Число опрошенных — 2400 человек от 16 лет и старше.*

Телезрителей попросили ответить на вопрос:

«Какие из следующих видов телепрограмм Вам больше всего нравится смотреть?»

1.	Информационные программы	82%
2.	Художественные фильмы	70%
3.	Юмористические передачи	54%
4.	Программы популярной музыки	38%
5.	Спортивные передачи	38%
6.	Сериалы	33%
7.	Передачи о здоровье, семье, доме	26%
8.	Игры, конкурсы, викторины	24%
9.	Мультфильмы	18%
10.	Публицистические программы	18%
11.	Научно-популярные программы	16%
12.	Передачи о литературе, искусстве, культуре	12%
13.	Концерты классической музыки	10%
14.	Другие передачи	2%

А у вас?

- Какие виды телепрограмм популярны в вашей стране? Составьте свой рейтинг этих программ. Сравните его с рейтингом российских телезрителей.
- Сравните свой рейтинг телепрограмм с рейтингом других членов группы.

11. 💬 *Типы телепрограмм.*

А. *Познакомьтесь с типами телепрограмм и названиями некоторых телепередач.*

Информационные и информационно-аналитические:	Аналитические:
«Новости» (Первый канал) «Время» (Первый канал) «Вести» (Россия) «Вести-спорт» (Россия) «События. Время московское» (ТВЦ) «Сегодня» (НТВ) «Новости» (ТВС)	«Времена» (Первый канал) «Зеркало» (Россия) «Вести недели» (Россия) «Постскриптум» (ТВЦ) «Итоги» (ТВС) «Намедни» (НТВ)

«Новости культуры» (Культура) «Деловая Россия» (Россия) «Деловая Москва» (ТВЦ) «Денежный вопрос» (ТВЦ) «Большие деньги» (НТВ)	
Информационно-развлекательные:	**Публицистические:**
«Доброе утро!» (Первый канал) «Доброе утро, Россия!» (Россия) «Настроение» (ТВЦ) «Утро на НТВ» (НТВ)	«Совершенно секретно» (НТВ) «Свобода слова» (политическое ток-шоу) (НТВ) «Взгляд» (Первый канал) «Герой дня» (НТВ) «Профессия — репортёр» (НТВ) «Культурная революция» («Культура») «Ничего лишнего» (ТВС)
Развлекательные:	
«Поле чудес» (телеигра) (Первый канал) «Моя семья» (ток-шоу) (Первый канал) «Клуб путешественников» (Первый канал) «Русская рулетка» (телеигра) (Первый канал) «Любовь с первого взгляда» (телеигра) (Россия) «Лакомый кусочек» (культурно-развлекательная программа)(ТВЦ) «Я и моя собака» (дог-шоу) (Первый канал) «Чемпионат мира по футболу» (спортивное обозрение) (НТВ) «За стеклом» (ток-шоу) (ТВС) «Земля-воздух» (интерактивное музыкальное шоу) (ТВС)	

For more information about the programs, see http://mllc.utsa.edu/smi.

В. *Вы составляете список программ, которые для вас актуальны. Укажите названия передач и канала, по которому они идут.*

1. **Вы — бизнесмен.** Вас интересуют перспективы развития бизнеса в России, деловые связи российских и иностранных фирм.
2. **Вы — политолог.** Вас интересует, как российские СМИ освещают политическую ситуацию в России и за её пределами.
3. **Вы — спортивный болельщик.** Вас интересуют спортивные программы.
4. **Вы — домохозяйка.** Какие программы вы внесли бы в свой список?

Итоги

http://mllc.utsa.edu/smi

12. *Работаем в интернете.* *Работая в двойках-тройках, подготовьте выступление на одну из следующих тем:*

1. Программа одного российского телевизионного канала на неделю.
2. Один жанр телепрограмм (игры, ток-шоу, информационные передачи, фильмы, и т. д.) на разных телеканалах.
3. Сравнение российских телепередач с американскими.

Экстра: Средства массовой информации

Прочитайте обзорную статью о средствах массовой информации и найдите ответы на следующие вопросы:

1. Сколько газет, телекомпаний и информационных агентств зарегистрировано сегодня в России?
2. Какие газеты наиболее популярны среди россиян? Кто предпочитает их читать?
3. Какие источники информации наиболее популярны у россиян?
4. Информация на какие темы вызывает максимальный интерес у российских пользователей интернета?
5. Какие частные радиокомпании популярны у россиян?
6. Сколько государственных информационных агентств существует сегодня в России? Назовите их.

СМИ — средства массовой информации

Средства массовой информации в России менялись в соответствии с изменением социально-экономической обстановки в стране. Глобальное завоевание и первый реальный результат перестройки — появление независимой прессы. Сейчас в России зарегистрировано 5 тысяч газет, около 90 телекомпаний, полторы тысячи радиопрограмм и около 400 информационных агентств. Более половины из них независимы, остальные в той или иной степени финансирует правительство.

Деятельность средств массовой информации России регламентирует «Закон о средствах массовой информации России», принятый в декабре 1991 года.

Среди общероссийских газет безусловный лидер — «Аргументы и факты». Этот еженедельник наиболее популярен среди людей с высшим образованием и руководителей. По тиражности и популярности с «АиФ» можно сравнить только «Московский комсомолец» — столичную городскую газету, активно распространяемую как по подписке, так и с рук. Далее идёт ориентированный на молодёжную аудиторию ежемесячник «SPEED-ИНФО» и ежедневная газета «Труд», любимое издание квалифицированных рабочих и профсоюзных активистов. Традиционно демократические «Известия» стоят на втором месте у деятелей культуры и науки, бизнесменов и предпринимателей. Эту газету читают 35 из 100 опрошенных политических деятелей. У последних, кроме того, пользуются популярностью «Коммерсант», «Независимая газета», «Сегодня», «Российская газета» и «Правда». Из еженедельников политики предпочитают «Итоги» и «Московские новости». 78% россиян регулярно просматривают и читают местную прессу.

Несмотря на значительные тиражи газет и журналов, основными источниками информации для большинства жителей страны являются телевидение и интернет. По данным опросов, которые провело информационное агентство Algorithm Media (http://www.algo.ru), 82% россиян предпочитают телевидение печатным изданиям, а 74% предпочитают получать информацию по интернету. Максимальный интерес у пользователей российского интернета — Рунета — вызывают внутриполитические новости. Далее по популярности следуют экономические и международные новости, спорт и культура.

Самой популярной из радиостанций является государственная круглосуточная программа «Маяк», передающая сводку новостей каждые полчаса. Значительную аудиторию имеют ныне и частные радиостанции «Европа Плюс», «Эхо Москвы», «М-Радио», «Надежда», «Ностальжи» и другие.

Они заполняют эфир информацией, анализом наиболее важных событий и явлений жизни общества и, конечно, музыкой. Быстро добилась популярности новая станция «Авто-Радио», рассказывающая о ситуации в дорожном движении столицы и обо всем, что связано с автомобилем.

В России два государственных информационных агентства: ИТАР-ТАСС и РИА «Новости». Из частных и акционерных агентств наиболее известны «Интерфакс», «Постфактум», «ИМА-ПРЕСС». Сообщения этих агентств используют практически все российские средства массовой информации.

По материалам справочника РИА «Новости»
(«Россия сегодня: факты и тенденции»
Москва, 1999 г.)

---

1. А. *Отметьте знаком (–) те высказывания, которые не соответствуют содержанию статьи.*

1. Среди общероссийских газет безусловный лидер — «Коммерсант».
2. По тиражности и популярности с «Аргументами и фактами» можно сравнить столичную газету «Московский комсомолец».
3. Традиционно демократические «Известия» — стоят на первом месте у деятелей культуры и науки, бизнесменов и предпринимателей.
4. По данным российского информационного агентства Algorithm Media, из всех средств массовой информации большинство россиян предпочитает читать печатные издания.
5. Радиостанции «Эхо Москвы», «Европа Плюс», «Надежда» и «Ностальжи» — это частные радиостанции.

В. *Закончите предложения, используя информацию статьи.*

1. Первый реальный результат перестройки — …
2. Еженедельник «Аргументы и факты» наиболее популярен среди…
3. Максимальный интерес у пользователей российского интернета после внутриполитических событий вызывают…

4. «Авто-Радио» — это популярная радиостанция, рассказывающая о...

5. Сообщения государственных и частных информационных агентств используют...

2. 🗬 **А.** *В вашей группе — учащиеся из одной страны.* *Что вы думаете о средствах массовой коммуникации своей страны? Какова их структура? Обменяйтесь мнениями.*

В. *В вашей группе — учащиеся из разных стран.* *Расспросите членов вашей группы о том, что собой представляют СМИ в их стране, какие теле- и радиопрограммы наиболее популярны среди деятелей культуры и науки, бизнесменов, политических деятелей, молодёжи?*

Тема 2

Государство, правительство, власть: их структура и функции

ЧТО МЫ УЗНАЕМ?

- о политических партиях, представленных в парламенте
- о государственных символах Российской Федерации
- о функциях президента России
- о структуре и функциях российского парламента
- о структуре и функциях правительства России

ЧТО МЫ СМОЖЕМ?

- прочитать и понять материалы о государственной и административной структуре Российской Федерации
- рассказать о государственной системе в России
- рассказать о государственной системе и административной структуре своей страны

Vocabulary Development

администра́ция *administration*
ве́домство (= министе́рство) *ministry*
ветвь вла́сти *branch of power*
власть *f.* *power*
во́тум *vote*
> **~ недове́рия** *vote of no confidence*

вы́боры *election*
> **победи́ть (≠ проигра́ть) на ~ах** *to win (≠ lose) the election*

голосова́ние *voting, election*
> **уча́ствовать в ~и** *to participate in the election*

госуда́рство *state, country*
> **быть во главе́ ~а (= возглавля́ть ~)** *to lead the country*

граждани́н (*pl.* **гра́ждане**), **гражда́нка** *citizen*
гражда́нство *citizenship*
депута́т *representative (in the parliament, of a party)*
до́лжность *f.* *post, position (of a person)*
> **занима́ть ~** *to occupy a position;* **избира́ть на ~** *to elect to a position;* **назнача́ть на ~** *to appoint to a position;* **освобожда́ть от ~и** *to release from a position*

зако́н *law*
> **наруша́ть ~** *to break the law;* **принима́ть ~** *to pass a law;* **соблюда́ть ~** *to observe the law*

замести́тель *m.* *substitute, vice, associate, deputy*
> **~ мини́стра (= замми́нистра)** *deputy minister*

замеща́ть / замести́ть *to substitute*
заседа́ние *session*
> **назнача́ть ~** *to schedule, to appoint a session;* **проводи́ть ~** *to conduct a session*

кри́зис *crisis*
министе́рство (= ве́домство) *ministry*
мона́рхия *monarchy*
пала́та *chamber, house (of the parliament)*
парла́мент *parliament*
> **распуска́ть ~** *to dismiss the parliament*

па́ртия *party*
> **вступа́ть в ~ю** *to join a party;* **принадлежа́ть к ~и** *to belong to a party*

поли́тик *politician*
поли́тика *politics, policy*
прави́тельство (= кабине́т мини́стров) *government*
> **возглавля́ть ~** *to head the government;* **распуска́ть ~** *to dismiss the government;* **форми́ровать ~** *to form a government*

пра́во *right*
> **~а челове́ка** *human rights;* **наруша́ть ~а́** *to violate the rights;* **соблюда́ть ~а́** *to observe the rights*

председа́тель *m.* *chair, speaker*
    ~ пала́ты парла́мента *speaker of a chamber of the parliament;*
    ~ прави́тельства (= премье́р-мини́стр)
представи́тель *m.* *representative*
представля́ть / предста́вить *to represent*
премье́р-мини́стр *prime minister*
респу́блика *republic*
ука́з *decree*
    подписа́ть ~ *to sign a decree*
управле́ние *administration, management*
федера́ция *federation*
фра́кция *faction, group (in the parliament)*

НЕЗАВИСИМЫЙ — INDEPENDENT

 Roots

РАЗВРАТ — CORRUPTION

ВЛАД-, ВЛАСТ- *rule, power, domin-*	**ПРАВ-** *right, true*
владе́ть *to rule, to own* **владе́лец** *owner* **власть** *power, authority* **вла́ствовать** *to be in power* **о́бласть (об-власть)** *region*	**пра́во** *right* **пра́вый** *right (adj.)* **прави́тельство** *government* **пра́вда** *truth*
ГО́ЛОС-, ГЛАС- *voice*	**САД-, СЕД- СИД-** *sit*
го́лос *voice* **голосова́ть** *to vote* **голосова́ние** *voting* **гла́сность** *"openness" (open voicing of opinions)*	**заседа́ние** *session* **председа́тель** *chairperson (one who sits in front)*
МЕСТ- *place*	**СТАВ-** *put (standing)*
ме́сто *place* **ме́стный** *local* **замеща́ть / замести́ть** *to replace* **замести́тель** *vice, deputy*	**представля́ть / предста́вить** *to introduce, to represent* **представи́тель** *representative*

1. *Check your comprehension of the following phrases.*

- **администрация** президента, местная администрация
- внешнеполитическое **ведомство** (в России — министерство иностранных дел, в США — госдепартамент), военное ведомство (= министерство обороны[1])

---
[1] *defense*

- законодательная **ветвь власти** (= парламент), исполнительная[2] ветвь власти (= президент, правительство), судебная[3] ветвь власти (= Конституционный суд, Верховный суд)
- государственная **власть**
- президентские **выборы** (= выборы президента), парламентские выборы (= выборы депутатов), предварительные[4] выборы
- всеобщее **голосование**, открытое голосование, прямое голосование, тайное[5] голосование
- авторитарное **государство**, демократическое государство, независимое[6] (= суверенное) государство, соседнее (= сопредельное) государство
- выборная **должность**
- действующий **закон**
- **заместитель** главы делегации, заместитель директора
- очередное **заседание**, чрезвычайное[7] (= экстренное, внеочередное) заседание, закрытое заседание
- политический **кризис**, правительственный кризис
- нижняя **палата** парламента, верхняя палата парламента
- член **парламента** (= парламентарий)
- внешняя **политика**, внутренняя политика
- избирательное **право**, международное право, право вето, право выбора, гражданские права
- **председатель** (= спикер) верхней/нижней палаты
- **представитель** большинства/меньшинства, официальный представитель президента, представитель премьер-министра
- **указ** президента
- парламентская **фракция**

---

[2] *executive*   [3] *judicial*   [4] *primary*   [5] *secret*   [6] *independent*   [7] *emergency*

2. *Answer the questions.*

- Федеральное Собрание — это двухпалатный парламент России. А что такое Конгресс?
- Совет Федерации — это верхняя палата российского парламента. А что такое Сенат?
- Государственная Дума — это нижняя палата российского парламента. А Палата представителей?

3. *Which of the following parties would you associate with Russia, Great Britain and the U.S.?*

Россия	демократическая партия	социалистическая партия
Великобритания	лейбористкая партия	консервативная партия
США	либеральная партия	республиканская партия
	коммунистическая партия	социал-демократическая партия

☞ http://mllc.utsa.edu/smi

4. *Match the countries with the type of government.*

1. парламентарная (= парламентская) республика   _____ Великобритания
2. абсолютная монархия   _____ Германия
3. парламентарная монархия   _____ Саудовская Аравия
4. президентская республика   _____ США
                                           _____ Россия

☞ http://mllc.utsa.edu/smi

5. *Which five of the following countries are federations?*

федеративное государство ≠ унитарное государство

Германия	США
Франция	Канада
Россия	Мексика

6. A. *Give the corresponding nouns, according to the models.*

Verb	Noun
▸ существов|ать *to exist*	*существов**ание** existence*
голосов|ать *to vote*	
формиров|ать *to form*	
использов|ать *to use*	
▸ освобожд|ать *to free, to discharge*	*освобожд**ение** liberation, discharge*
наруш|ать *to violate*	
назнач|ать *to appoint*	
измен|ять *to change*	
реш|ать *to decide*	
разреш|ать *to permit*	
объявл|ять *to inform, to announce*	
утвержд|ать *to confirm*	

B. *Fill in the blanks with the appropriate words from 6 A in the correct form, using the literal translations as guidelines.*

1. В России принимать участие в _____ можно только с 18 лет.
   In Russia you can participate in voting from the age of 18.

2. В функции Госдумы входит: _____ амнистии, _____ на должность и _____ от должности председателя Центробанка.
   The functions of the Duma include: the announcement of amnesty, the appointment to office, and the discharge from office of the Chairman of the Central Bank.

3. Одна из функций президента — _____ администрации.
   One of the functions of the president is the forming of the administration.

4. В функции Совета Федерации входит: _____ _____ границ и _____ вопроса об _____ Вооружённых сил.
   The functions of the Council of Federation include: the confirmation of border changes and the decision on the question of the use of the Armed Forces.

7. *Form the corresponding nouns and then use them in the phrases on the right. Check your comprehension of the resulting forms.*

▸ руководить *to lead*	*руководитель*	*руководитель* студенческой группы
избирать *to elect*	_____	_____ президента
исполнить *to fulfill*	_____	_____ президентских указов
заместить *to substitute*	_____	_____ директора
представить *to represent*	_____	_____ главы государства

8. *Form the corresponding adjectives and use them in the phrases on the right in the correct form. Check your comprehension.*

▸ власть *power*	*властный*	*властные* структуры*
мест|о	_____	_____ жители
закон	_____	_____ действия
автоном|ия	_____	_____ республика
▸ парламент	*парламентский*	*парламентские* дебаты
Дум|а	_____	_____ фракция
депутат	_____	_____ неприкосновенность *f.* (immunity)
губернатор	_____	_____ выборы

---

*Властные структуры (неологизм) — политическое руководство страны, правители

▸ информация	*информационный*	*информационная* передача
конституция	_____	_____ право
коалиция	_____	_____ правительство
фракция	_____	_____ разногласия
революция	_____	_____ силы
традиция	_____	_____ мнения

▸ государство	*государственный*	*государственный* комитет
правительство	_____	_____ комиссия
общество	_____	_____ организации

Vocabulary distinctions

Note the following distinctions.

российский — belonging or referring to the Russian State, regardless of nationality (*territorial*)
русский — referring to the nationality, customs, traditions (*ethnic*)

федеративный — referring to a federation of states, republics, etc.
федеральный — synonym: государственный, национальный

демократический — belonging or referring to a democracy
демократичный — liberal, approachable, easy-going (*about a person*)

9. *Form phrases by combining nouns on the right with the adjectives on the left, as appropriate.*

российский
русский
{ республика   закон
войска   душа
банк   менталитет
граница   культура

федеративный
федеральный
{ республика   бюджет
банк   полиция
государство

демократический
демократичный
{ президент   партия
государство   характер

10. A.   *Read the phrases with the nouns* **выбор** *and* **выборы** *and translate them into English.*

- большой/богатый/широкий **выбор**, **выбор** товаров, **выбор** приоритетов, без **выбора**, затрудняться в **выборе** *чего*, сделать (свой) **выбор**
- президентские **выборы**, парламентские **выборы**, перед **выборами**, во время **выборов**, после **выборов**, проводить **выборы**, участвовать в **выборах**, выиграть на **выборах**, проиграть на **выборах**

B.   *Rephrase the following sentences using the nouns* **выбор** *or* **выборы**, *as appropriate.*

1. В России <u>принимать участие в голосовании</u> можно только с восемнадцати лет.
2. С наступлением эпохи <u>свободного голосования</u> и свободного телевидения в России появились имиджмейкеры.
3. Избиратель долго не знал, за кого голосовать, но наконец <u>принял решение</u>.
4. Когда будут <u>избираться депутаты</u> Думы?

11.   *Find the synonyms.*

1.	приступить к работе	_____ административная структура
2.	административное устройство	_____ расформировывать
3.	распускать	__1__ начать работу
4.	население	_____ граница
5.	автономия	_____ импичмент
6.	отрешение президента от власти	_____ суверенитет
7.	предел	_____ руководить
8.	возглавлять	_____ период, отрезок времени
9.	срок	_____ самоуправление
10.	независимость	_____ министерство иностранных дел
11.	внешнеполитическое ведомство	_____ жители

12.   *Find the opposites.*

1.	унитарное государство	_____ отрицать
2.	прежний	_____ внутренняя политика
3.	утверждать	_____ освобождение
4.	большинство	_____ нарушать права человека
5.	соблюдать права человека	_____ объединение
6.	внешняя политика	_____ нынешний
7.	распад	__4__ меньшинство
8.	назначение	_____ федеративное государство

Политические партии

In 1999, 28 parties were represented in the parliamentary elections, although only six of them managed to win representation in the Duma. By 2004 there were only four parties:

- Единая Россия, a centrist party which combined Единство (a bloc created by Putin supporters in 1999) and Отечество (led by Moscow mayor Yuri Luzhkov) — 68%
- Коммунистическая партия Российской Федерации — 11.33%
- Родина, People's Patriotic Union of Russia — 8.6%
- Либерально-демократическая партия России, the ultranationalist Liberal Democratic Party, led by Vladimir Zhirinovsky — 8%

Содружество независимых государств (СНГ)

The Commonwealth of Independent States (CIS) is an alliance of twelve of the fifteen former republics of the Soviet Union (Armenia, Azerbaijan, Belarus, Georgia, Kazakhstan, Kyrgyzstan, Moldova, Russia, Tajikistan, Turkmenistan, Ukraine, and Uzbekistan). The headquarters of the organization is in Minsk, Belarus.

13. A. *Match the acronyms with the full phrases.*

1. Генпрокуратура
2. ГД
3. Госсовет
4. ДВР
5. ДПА
6. КПРФ
7. ЛДПР
8. МВД
9. «Медведь»
10. МИД
11. ОВР
12. РОСДП
13. РФ
14. СНГ
15. СПС
16. СССР
17. СФ
18. ФС
19. ФСБ
20. ЦИК
21. «Яблоко»

_____ Государственный Совет при президенте России

_____ Российская Федерация

_____ Партия «Демократический выбор России»

_____ Союз Советских Социалистических Республик

_____ Движение в поддержку[1] армии

_____ Государственная Дума (нижняя палата российского парламента)

_____ Федеральное Собрание (российский парламент)

_____ Российская объединённая социал-демократическая партия

_____ Движение Явлинского, Болдырева и Лукина

_____ Либерально-демократическая партия России

_____ Центральная избирательная комиссия

_____ Министерство внутренних дел

---

[1] *support*

_____ Федеральная служба безопасности
_____ Движение «Отечество-Вся Россия»
_____ Содружество Независимых Государств
_____ Партия «Союз правых сил»
_____ Генеральная прокуратура[2]
_____ Министерство иностранных дел
_____ Совет Федерации (верхняя палата российского парламента)
_____ **Меж**региональное **движение** «Единство»
_____ Коммунистическая партия Российской Федерации

[2] *office of prosecutor*

B. *Read and translate the following headlines. Decipher the abbreviations.*

- **Глава МИД России в ближайшее время посетит Югославию и Македонию**

- **В МВД сообщают о целой серии ограблений обменных пунктов**

- **Жизнь раненого депутата Госдумы находится вне опасности**

- **Фракции «Яблоко», СПС, ЛДПР, «Единство» и ОВР не будут голосовать за вотум недоверия правительству**

- *Грузия собирается выйти из состава СНГ*

Class Activities

1. *За или против?* *Read the two news briefs and answer the questions below.*

> Сегодня за вотум недоверия правительству отдали голоса 127 человек при необходимых 226. Против были 76 и 5 воздержались. Всего голосовали 208 членов нижней палаты. Как и обещали, настаивали на недоверии КПРФ и аграрии.

1. What was the issue of the vote?
2. How many votes would have been needed for passing?
3. How many voted for the proposal? Against? Abstained?
4. Which voting body was it?
5. Which two factions pressed the issue?

> Государственная Дума практически единогласно проголосовала в среду за то, чтобы направить премьер-министру Михаилу Касьянову парламентский запрос в связи с необходимостью срочного решения вопросов финансирования работ по подъёму атомного подводного крейсера «Курск». В этом документе, который был принят палатой по инициативе депутата фракции СПС Григория Томчина, отмечается, что к настоящему времени решены все технические и организационные работы по подъёму «Курска».

1. What was the voting body?
2. What was the result of voting?
3. When did the vote take place?
4. To whom was the request sent?
5. What issue was to be decided promptly?
6. Who initiated the document? Which party?

Государственные символы Российской Федерации

Двуглавый орёл

Государственный герб
Российской Федерации

Государственный гимн Российской Федерации

Россия — священная наша держава,
Россия — любимая наша страна.
Могучая воля, великая слава —
Твоё достоянье на все времена!

Российский триколор

Государственный флаг
Российской Федерации

■ Двуглавый орёл

The two-headed eagle remained the symbol of the Russian Monarchy and the Russian State for more than four hundred years until the October Revolution of 1917 and regained its status in 1993, according to the decree of President Boris Yeltsin of November 30, 1993.

The symbol has been interpreted in different ways. The most common version says that the two heads of the eagle symbolize Russia's two parts — European and Asian.

■ Российский триколор, «петровский бесик»

The current tricolor Russian national flag was adopted by the decree of President Boris Yeltsin of December 11, 1993, and it replaced its Soviet-time red predecessor. According to the Constitution, "the national flag of the Russian Federation consists of three equal horizontal stripes — white, blue, and red."

  This is the third time the tricolor flag has become the national symbol. The first one to use it was Peter the Great, who on January 20, 1705, ordered this flag to be hoisted on all Russian ships on the Moscow, Volga, and Dvina rivers. In those times the lower red stripe symbolized the Earth, the blue stripe the sky, and the upper white stripe the world of God. At the same time, according to the Russian tradition, the color white meant nobility; blue, honesty; and red, courage and love.

(Excerpts adapted from the Embassy of the Russian Federation Web site: http://russianembassy.org)

Структура власти

http://www.gov.ru

This is the official Web site of the Russian Federation, where you can find more information about the national emblems, including the complete lyrics and music to the national anthem.

Законодательная ветвь власти		Исполнительная ветвь власти	Судебная ветвь власти
Федеральное Собрание *(парламент)*		Президент *(глава государства)*	Конституционный суд
Нижняя палата **Государственная Дума**	Верхняя палата **Совет Федерации**	**Правительство РФ**	**Верховный суд**

■ Президент Российской Федерации

Президентская присяга

«Клянусь при осуществлении полномочий Президента Российской Федерации уважать и охранять права и свободы человека и гражданина, соблюдать и защищать Конституцию Российской Федерации, защищать суверенитет и независимость, безопасность и целостность государства, верно служить народу.»

(Конституция РФ, статья 82, президентская присяга)

2. Президентская присяга. Read the presidential oath above and list the pledges it contains.

http://mllc.utsa.edu/smi

3. Работаем в интернете.

A. *Follow the link to the Kremlin Web site and find out when the current president of Russia was elected and inaugurated.*

B. *Find the president's biography and collect as much information as possible. Prepare an oral report for your class (in English or in Russian).*

■ Правительство РФ

Исполнительную власть осуществляет Правительство Российской Федерации. Оно состоит из Председателя (= премьер-министра), его заместителей и федеральных министров.

Дом правительства Российской Федерации, «Белый дом».

http://mllc.utsa.edu/smi

4. Работаем в интернете. *Follow the link to the government Web site and find out the name of the current prime minister. How many deputy prime ministers are there? What are their names?*

5. Министерства. *Here are some of the most common ministries of the Russian Federation. Which ones do you think deal with the following? (There may be more than one answer.)*

_____ foreign student visas	_____ budget
_____ border incidents	_____ nuclear power
_____ war	_____ highways
_____ espionage	_____ health care
_____ education	_____ economic problems
_____ crime	_____ film festivals

1. Министерство внутренних дел
2. Министерство культуры
3. Министерство обороны
4. Министерство образования
5. Министерство транспорта
6. Министерство иностранных дел
7. Министерство финансов
8. Министерство экономического развития и торговли
9. Министерство энергетики Российской Федерации
10. Министерство здравоохранения
11. Федеральная Служба Безопасности
12. Федеральная Пограничная Служба

http://mllc.utsa.edu/smi

6. Работаем в интернете. *Complete Web Worksheet 2-1.*

■ Федеральное Собрание

Федеральное Собрание — парламент Российской Федерации — является представительным и законодательным органом Российской Федерации. Федеральное Собрание состоит из двух палат — Совета Федерации и Государственной Думы.

7. *Государственная Дума.*

А. *The Duma is broken into several committees, which work on various proposals. Assign the ten projects below to their respective committees.*

Примерная программа законотворческой деятельности Государственной Думы Федерального Собрания Российской Федерации в период осенней сессии 2000 года (*по комитетам Государственной Думы*)

_____ Комитет Государственной Думы по экологии

_____ Комитет Государственной Думы по энергетике, транспорту и связи

_____ Комитет Государственной Думы по международным делам

_____ Комитет Государственной Думы по обороне

_____ Комитет Государственной Думы по образованию и науке

_____ Комитет Государственной Думы по охране здоровья и спорту

Наименование проекта правового акта

1. О внесении изменений и дополнений в Федеральный закон «Об использовании атомной энергии»

2. О внесении изменения и дополнения в Федеральный закон «О воинской обязанности и военной службе» (сроки и условия заключения контракта о прохождении военной службы)

3. О гарантиях развития высшего образования в регионах Сибири и Дальнего Востока Российской Федерации

4. Кодекс внутреннего водного транспорта Российской Федерации

5. О медико-криминалистической регистрации и идентификации в Вооружённых силах и других войсках Российской Федерации

6. О предупреждении распространения туберкулёза в Российской Федерации

7. О ратификации Соглашения между Правительством Российской Федерации и Правительством Республики Эквадор о поощрении и взаимной защите капиталовложений

8. Об обращении с радиоактивными отходами

9. О внесении изменений и дополнений в Федеральный закон «О государственном регулировании тарифов на электрическую и тепловую энергию в Российской Федерации» (в части финансирования Федеральной и региональных энергетических комиссий)

10. Об ограничении курения табака

B. *Find out about the current projects of the Duma at http://www.duma.gov.ru.*

8. *Политика и общество.*

A. *Occasionally, politicians make unusual proposals. Look at the title of the news brief below and predict what it will be about.*

Депутатам хватает одной жены

Now read the entire news brief and find out . . .

1. where the proposal was made.
2. who made the proposal.
3. what was proposed.
4. what the result of the vote was.

На заседании Государственной Думы РФ в среду был отклонен проект закона о многоженстве, внесённый Владимиром Жириновским. Поддержал проект 21 депутат. Госдума отклонила законопроект Владимира Жириновского, в котором предлагалось разрешить многоженство.

Предложенные Жириновским изменения и дополнения в Семейный кодекс отразили возможность создания полигамных семей наряду с моногамными. Законопроект поддержал 21 депутат, против проголосовал 271.

Материалы из Port.RU, Inc., 25.10.2000

B. *Look at the title of the news brief below and predict what it will be about.*

КПРФ защищает американскую демократию

Now read the first paragraph and answer the questions.

1. Which group of the Duma does the news brief deal with?
2. What is the group worried about?
3. What is their suggested solution?

Думская фракция КПРФ «выражает озабоченность» ходом предстоящих выборов в США и предлагает направить на них международных наблюдателей. То есть себя.

Now read the details of the news brief and find out . . .

1. to whom the proposal was presented.
2. what the proposal dealt with.
3. what exactly they are afraid of.
4. which states are especially troublesome.
5. to whom the proposal is supposed to be addressed.

Думская фракция КПРФ подготовила и намерена предложить Государственной Думе РФ одобрить постановление «О защите демократии в США и о международном наблюдении за выборами президента в США».

В постановлении депутаты Госдумы «выражают глубокую озабоченность возможной фальсификацией предстоящих выборов президента США». Особое их опасение вызывают такие штаты, как Техас и Калифорния, а также «другие территории насильно присоединённые к США».

В связи с этим коммунисты призывают Госдуму обратиться в Конгресс США с просьбой принять делегацию нижней палаты парламента РФ для наблюдения за ходом президентских выборов.

Материалы из Port.RU, Inc., 24.10.2000

Функции президента и парламента

Вид Кремля и Большого Кремлёвского Дворца с Москвы-реки. В Кремле находится резиденция президента Российской Федерации.

Useful verbs:

назначать / назначить   *to appoint*
обеспечивать / обеспечить   *to guarantee*
обнародовать   *to publish*
одобрить   *to approve*
определять / определить   *to define*
подписывать / подписать   *to sign*
представлять / представить   *to present*
принимать / принять   *to pass (e.g., a law)*
распускать / распустить   *to dissolve, to discharge*
являться   *to be*

ПРЕЗИДЕНТ			
избирается всеобщим прямым тайным голосованием сроком на 4 года			
является …	**является …**	**представляет …**	**определяет …**
гарантом Конституции РФ, прав и свобод граждан России	верховным Главнокомандующим РФ	Россию в международных отношениях	направления внутренней и внешней политики
назначает с согласия Госдумы …		**представляет** **Госдуме …** **Совету Федерации …**	
Председателя правительства	Высшее командование Вооружённых сил РФ	Председателя Центробанка РФ	Судей Конституционного и Верховного судов, Генпрокурора
формирует …		**обеспечивает …**	
и возглавляет Совет Безопасности	Администрацию президента РФ	взаимодействие органов государственной власти	
распускает …		**подписывает и обнародует …**	
Государственную Думу		федеральные законы	

ФЕДЕРАЛЬНОЕ СОБРАНИЕ РОССИЙСКОЙ ФЕДЕРАЦИИ	
Нижняя палата ФС **Государственная Дума** 450 депутатов от партий и движений избираются на 4 года	Верхняя палата ФС **Совет Федерации** По два депутата от каждого субъекта Федерации (всего 178 депутатов)
В ведении Госдумы *находятся вопросы:* • Решение дать или не давать согласие президенту РФ на назначение премьер-министра РФ • Решение вопроса о доверии правительству • Назначение на должность и освобождение от должности председателя Центробанка РФ • Объявление амнистии	***В ведении Совета Федерации*** *находятся вопросы:* • Утверждение изменения границ РФ • Утверждение указа президента РФ «О введении чрезвычайного/военного положения» • Решение вопроса об использовании Вооружённых сил РФ за пределами России • Отрешение президента от власти • Назначение выборов президента • Назначение судей Конституционного и Верховного судов РФ, Генпрокурора

Как делают законы?

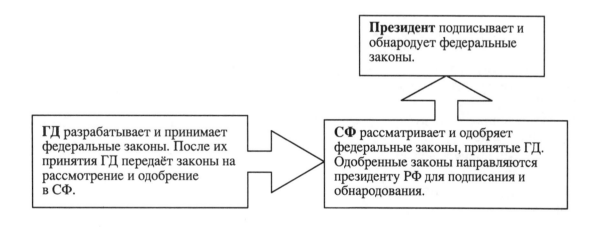

9. *Да или нет? Decide whether the following statements are true or false. Correct them as necessary.*

1. Президент России не может сам назначить премьер-министра. Он это делает только с согласия Госдумы.
2. Президент РФ подписывает и обнародует федеральные законы.
3. Федеральное Собрание определяет направления внешней политики.
4. Премьер-министр представляет Россию в международных отношениях.
5. Совет Федерации принимает законы и передаёт их в Госдуму на рассмотрение и одобрение.
6. Президент РФ может распустить Государственную Думу.

10. *Кто примёт решение? Who decides on the following issues? Check the appropriate boxes.*

Ситуация	Кто примёт решение		
	Государствен-ная Дума	Совет Федерации	Президент РФ
1. Одна из автономных республик намерена выйти из состава Российской Федерации.	☐	☐	☐
2. Россия собирается принять участие в разрешении международного конфликта с использованием своих Вооружённых сил.	☐	☐	☐
3. Необходимо назначить председателя Центрального Банка России.	☐	☐	☐
4. Предстоит решить вопрос о сроках проведения выборов президента РФ.	☐	☐	☐
5. Действующему правительству собираются вынести вотум недоверия.	☐	☐	☐
6. Решается вопрос о роспуске Государственной Думы.	☐	☐	☐
7. Необходимо принять новый федеральный закон.	☐	☐	☐
8. Обсуждается вопрос об объявлении амнистии.	☐	☐	☐
9. Предстоит внести некоторые изменения в направления внешней политики России.	☐	☐	☐
10. Обсуждается вопрос об объявлении импичмента президенту.	☐	☐	☐
11. Нарушается право граждан на свободу слова.	☐	☐	☐

http://mllc.utsa.edu/smi

11. *Работаем в интернете.* Complete Web Worksheet 2-2.

12. *Давайте поговорим.* Обменяйтесь информацией по следующим вопросам.

- С какого возраста граждане вашей страны имеют право участвовать в выборах?
- Принимаете ли вы участие в президентских, парламентских или каких-либо других выборах, которые проводятся в вашей стране?
- Считаете ли вы, что своим участием в выборах вы оказываете влияние на политическую и социально-экономическую жизнь своей страны? Надо ли участвовать в выборах? Аргументируйте свой ответ.
- Можно ли говорить о том, что молодёжь вашей страны активнее участвует в выборах, чем люди старшего поколения? Если «да», то как вы могли бы это объяснить?
- Принято ли в вашем обществе/вашей семье обсуждать кандидатов на пост главы государства, лидеров партий, депутатов парламента?

Как вы думаете, как россияне ответили бы на эти вопросы?

Итоги

13. А. *В вашей группе — учащиеся из одной страны.* Работая в парах или тройках, расскажите о вашей стране: о форме правления, государственном устройстве и структуре государственной власти, о том, какие функции выполняет глава государства, какие вопросы находятся в ведении парламента. Обменяйтесь информацией. В своих выступлениях используйте следующие модели:

кто **возглавляет** *что*	*кто* **представляет** *что; кому что*
кто **избирается** *кем, на какой срок*	*кто* **формирует** *что*
кто **назначает** *кого*	*кто* **является** *кем/чем*
кто **обеспечивает** *что*	
кто **объявляет** *что*	*что* **входит в функции** *кого/чего*
кто **определяет** *что*	*что* **находится в ведении** *кого/чего*

В. *В вашей группе — учащиеся из разных стран.* Расспросите членов вашей группы о форме правления, государственном устройстве и структуре государственной власти в их странах.

Экстра: Конституция России и История Российской Федерации

Прочитайте тексты о государственном устройстве России и об истории Российской Федерации.

Конституция России

12 декабря 1993 года в стране на всенародном референдуме была принята новая Конституция, в которой сказано: «Российская Федерация (Россия) есть демократическое федеративное правовое государство с республиканской формой правления».

Главой российского государства является президент. Он **является** гарантом Конституции РФ, прав и свобод российских граждан. Он принимает меры по охране суверенитета Российской Федерации, её независимости и государственной целостности. Президент **обеспечивает** согласованное функционирование и взаимодействие органов государственной власти. В соответствии с Конституцией РФ президент **определяет** основные направления внутренней и внешней политики, как глава государства он **представляет** страну в международных отношениях. Избирается президент на четыре года на основе всеобщего равного и прямого избирательного права при тайном голосовании. Один и тот же человек не может занимать эту должность более двух сроков подряд. В Конституции РФ записано, что президентом Российской Федерации может быть избран гражданин/гражданка Российской Федерации не моложе 35 лет, постоянно проживающий/ая в Российской Федерации не менее 10 лет.

Президент **назначает** с согласия Государственной Думы председателя правительства РФ и высшее командование Вооружённых сил РФ. Президент принимает решение об отставке правительства РФ только после консультаций с Госдумой.

Государственной Думе президент РФ **представляет** кандидатуру для назначения на должность председателя Центрального банка РФ. Совету Федерации президент **представляет** кандидатуры для назначения на должности судей Конституционного и Верховного судов, а также кандидатуру Генерального прокурора РФ.

Кроме того, президент **формирует** и возглавляет Совет безопасности РФ и формирует администрацию президента Российской Федерации.

Президент Российской Федерации **распускает** Государственную Думу.

Президент **является** Верховым Главнокомандующим Вооружёнными силами РФ.

Все федеральные законы России принимаются Государственной Думой, а потом направляются президенту РФ для подписания. Президент РФ рассматривает и подписывает или отклоняет законы в течение 14 дней.

Федеральное собрание — парламент Российской Федерации — является представительным и законодательным органом Российской Федерации и состоит из двух палат — Совета Федерации (верхней палаты) и Государственной Думы (нижней палаты).

Совет Федерации **формируется** из представителей законодательной и исполнительной власти в каждом субъекте Федерации. Всего в верхней палате российского парламента — 178 депутатов-сенаторов (по два депутата от каждого субъекта).

450 депутатов Госдумы **избираются** от партий, общественных движений, либо индивидуально (независимые депутаты).

Все депутаты **избираются** сроком на четыре года.

Депутатом Государственной Думы может быть избран гражданин Российской Федерации, достигший 21 года и имеющий право участвовать в выборах. Один и тот же человек не может одновременно являться членом Совета Федерации и депутатом Государственной Думы.

В ведении Совета Федерации находятся следующие вопросы:

* утверждение изменения границ России,

* утверждение указа президента о введении чрезвычайного положения,

* решение вопроса о возможности использования Вооружённых сил РФ за пределами России,

* назначение выборов президента,

* отрешение президента от власти,

* назначение судей Конституционного и Верховного судов РФ и Генерального прокурора РФ.

В ведении Государственной Думы находятся следующие вопросы:

* решение дать или не давать согласие президенту РФ на назначение председателя правительства,

* решение вопроса о доверии правительству РФ,

* назначение на должность и освобождение от должности Председателя Центрального банка РФ

* объявление амнистии.

Исполнительную власть осуществляет правительство Российской Федерации. Оно состоит из председателя, его заместителей и федеральных министров.

(По материалам Конституции РФ)

История Российской Федерации

До Октябрьской революции 1917 года многонациональная Россия была унитарным централизованным государством, в котором особый статус имели Финляндия и Польша. При двухсотлетнем существовании Российской Империи страна делилась на такие **административно-территориальные образования**, как губернии, волости и уезды — независимо от национального признака.[1]

В планах большевиков Россия должна была остаться унитарным государством, в состав которого входили бы национально-территориальные образования. Эти образования должны были бы называться автономными областями.

Однако к началу Октябрьской революции 1917 года от единой Российской империи ничего не осталось: националистические движения привели к образованию на её окраинах самостоятельных государств (Финляндии, Польши, Украины, Белоруссии, республик Закавказья и Средней Азии). Параллельно внутри самой России шёл процесс самоопределения народов, которые требовали создания своей государственности.

Чтобы не допустить распада России на множество самостоятельных государств, правительство большевиков провозгласило Советскую Россию **федерацией**. Это и было записано в Конституции РСФСР — Российской Советской Федеративной Социалистической Республики, принятой в июле 1918 года.

Надо отметить, что РСФСР имела ряд

---

[1] *Губернии* — главные административно-территориальные единицы России. До 1917 года в Российской империи было 78 губерний. Губернии делились на **уезды**.

Области — территории, которые находились на окраинах страны (Закавказская, Забайкальская и другие области).

Волости — самые маленькие административно-территориальные единицы царской России. Волости объединяли деревни, которые находились в уездах.

особенностей, которые не были характерны для типичных федераций.[2]

При коммунистах управление на всей территории России строилось таким образом, что центральные органы Российской Федерации, а в большей мере органы бывшего СССР, юридически и фактически забрали у автономий, краёв и областей их права, значительно ограничив их самостоятельность. Это вызвало недовольство регионов «центром» как внутри самой Российской Федерации, так и на всей территории бывшего СССР.

После распада СССР[3] в ряде республик, краёв и областей Российской Федерации усилилась тенденция к провозглашению независимости и выходу из состава Российской Федерации. Основными задачами для новой России стали укрепление государственности и поиск национального согласия.

В марте 1992 года между субъектами РФ был подписан **Федеративный договор**, а Конституция РФ 1993 года законодательно закрепила федеративное устройство России. Административно в состав России на сегодня входит 21 республика, 1 автономная область, 10 автономных округов, 6 краёв, 49 областей и 2 города федерального значения: Москва и Санкт-Петербург. Всего — 89 субъектов Федерации.

Отличительной особенностью **республик**, входящих в состав РФ, является то, что они имеют все признаки государства: принимают свою конституцию, устанавливают своё гражданство, определяют государственный язык, выбирают президента, а также имеют государственные символы (флаг, герб, гимн и столицу).

Конституция РФ 1993 года гарантирует всем 89-ти субъектам Федерации равноправие между собой и по отношению к федеральным органам власти.

Однако пестрота и разнообразие национальных и территориальных образований создаёт немало проблем. Только на Северном Кавказе из-за произвольной перекройки местных границ, не раз проводившейся при советской власти, остаётся более 30 спорных участков, в которых в любой момент могут возникнуть конфликты.

Заметим, что из 21 республики, входящих в состав России, только в шести «титульное» население (население, давшее название этой республике) составляет больше половины жителей. Это Дагестан, Ингушетия, Кабардино-Балкария, Тува, Чечня, Чувашия. В остальных оно так и остаётся в меньшинстве. Строго говоря, все без исключения национальные российские республики многонациональны.

---

[2] *Во-первых, правовой базой её создания стала Конституция 1918 года, а не договор между государствами, которые вошли в РСФСР. Интересно отметить, что хотя формально Советская Россия и была провозглашена федерацией, но ни одного субъекта этой федерации в 1918 году ещё не существовало. Только к концу 1918 года появляется первое* **автономное образование** *— Трудовая коммуна немцев Поволжья. Процесс создания автономных республик и областей продолжался в 1919 –1921 годах.*

Во-вторых, РСФСР стала федерацией, которая была основана на **автономии,** *построенной по национальному признаку. Это означало, что статус субъекта федерации получили только национальные образования (автономные республики и автономные области). Правительство большевиков поощряло создание национальных автономий, чтобы привлечь на свою сторону многочисленные национальные меньшинства.*

В-третьих, кроме национальных образований (автономий) в РСФСР входили **административно-территориальные единицы** *(края и округа), занимающие огромную территорию России и населённые в основном русскими. Но они не имели статуса субъекта Федерации.*

[3] *В декабре 1991 года распался Советский Союз. Три республики бывшего СССР (Белоруссия, Россия и Украина) 8 декабря 1991 года в городе Минске подписали Соглашение о создании СНГ — Содружества независимых государств. Эти республики заявили о своём стремлении развивать сотрудничество в политической, экономической и гуманитарной областях. 21 декабря 1991 года к этим республикам присоединились Азербайджан, Армения, Грузия, Казахстан, Киргизия, Молдавия, Таджикистан, Туркмения и Узбекистан.*

В государственной стратегии РФ приоритет отдаётся политике межнационального согласия. Вполне возможно, что административное устройство России в дальнейшем будет меняться и совершенствоваться. Но непременным условием останется сохранение и укрепление территориальной целостности Федерации.

Для укрепления вертикали федеральной власти с мая 2000 года вступил в силу указ президента РФ о создании института полномочных представителей президента в регионах — округах. С этой целью вся территория Российской Федерации разделяется на семь **федеральных округов**, которые объединяют 89 субъектов РФ.

Центральный (центр — Москва), Северо-западный (центр — Санкт-Петербург), Северо-Кавказский (центр — Ростов-на-Дону), Приволжский (центр — Нижний Новгород), Уральский (центр — Екатеринбург), Сибирский (центр — Новосибирск) и Дальневосточный (центр — Хабаровск). Полномочные представители президента РФ в этих округах должны содействовать выполнению федеральных законов и указов президента, а также контролировать их исполнение.

(Материал взят из справочника РИА «Новости» [«Россия сегодня: факты и тенденции»], Москва, 1998)

---

1. *Опираясь на материалы двух текстов, дайте ответы на эти вопросы.*

1. Как называется высший законодательный орган России?
2. Сколько республик входит в состав Российской Федерации?
3. Когда и кем была принята новая Конституция Российской Федерации?
4. Кто осуществляет исполнительную власть в России?
5. Кто является главой Российской Федерации?
6. В каком году Россия стала федерацией?
7. На сколько лет избирается президент и сколько сроков подряд один и тот же человек может занимать эту должность?
8. От кого избираются депутаты нижней палаты российского парламента?
9. Какие три республики бывшего СССР первыми вышли из состава СССР и подписали Соглашение о создании СНГ?
10. Кто может быть избран депутатом Государственной Думы?
11. Кто принимает законы Российской Федерации?
12. Кто является Верховным Главнокомандующим Вооружёнными силами России?
13. Какие государства в составе Российской империи имели особый статус?
14. Когда в ряде республик, краёв и областей Российской Федерации усилилась тенденция к провозглашению независимости и выходу из состава Российской Федерации?
15. Из каких палат состоит российский парламент?
16. Кто может быть избран президентом РФ?
17. Когда был подписан Федеративный договор между субъектами РФ?
18. В каких республиках «титульное» население составляет больше половины жителей?
19. На сколько федеральных округов поделена Российская Федерация?
20. Кто подписывает или отклоняет федеративные законы России?
21. Какова отличительная особенность республик, входящих в Российскую Федерацию?

22. Как официально называлась Россия при советской власти?
23. Сколько лет существовала Российская империя?

2. Вы — профессиональные политологи, занимающиеся Россией.
Вас попросили выступить перед иностранными студентами — будущими политологами, которых интересует государственное и административное устройство России. Время вашего выступления — 3 минуты.
Подготовьтесь к такому выступлению.

Тема 3

Официальная хроника: встречи, визиты, переговоры

ЧТО МЫ УЗНАЕМ?

- ◼ о внешней политике России
- ◼ о деятельности российских официальных лиц
- ◼ об особенностях информационной заметки в жанре информационного сообщения
- ◼ о функциях активных и пассивных оборотов речи, причастий и деепричастий в языке СМИ
- ◼ о наиболее типичных сокращениях и аббревиатурах в российских СМИ
- ◼ об отношениях российских граждан к вопросам внешней политики

ЧТО МЫ СМОЖЕМ?

- ◼ прочитать и понять материалы об официальных визитах и переговорах
- ◼ передать своими словами содержание прочитанной информационной заметки

Vocabulary Development

альянс (= союз) *alliance*
>**вступáть в ~** *to enter an alliance*

безопáсность *f.* *security*
>**обеспéчивать ~** *to guarantee security*

бесéда *discussion*
>**вести ~у** *to conduct a discussion;* **имéть ~у** *to have a discussion*

визи́т *visit*
>**наноси́ть ~** *to pay a visit;* **находи́ться с ~ом** *to be on a visit*

внимáние *attention*
>**обращáть ~ на** *(кого/что?)* *to pay attention;* **привлекáть ~ к** *(чему?)* *to attract attention;* **уделя́ть ~** *(кому/чему?)* *to give attention;* **быть в цéнтре ~я** *to be in the center of attention*

встрéча *meeting*
>**~ в верхáх, ~ на вы́сшем у́ровне (= сáммит)** *high-level meeting, summit*

встречáть / встрéтить *to meet somebody*

встречáться / встрéтиться ~ с *(кем?)* *to meet with somebody*

главá (= руководи́тель *m.***)** *head, leader*

дéятель *m.* **(= активи́ст)** *figure, person*

дéятельность *f.* *activity, work*

диалóг *dialogue*

договóр (= соглашéние) *agreement*
>**заключáть ~** *to reach an agreement;* **нарушáть ~** *to break an agreement;*
>**подпи́сывать ~** *to sign an agreement;* **продлевáть ~** *to extend an agreement;*
>**ратифици́ровать ~** *to ratify an agreement;* **соблюдáть ~** *to observe an agreement*

договорённость *f.* *understanding, agreement, accord*

лицó here: *person*
>**официáльные ~а** *officials*

обмéн *(чем?)* *exchange*
>**~ мнéниями** *exchange of opinions*

обмéниваться / обменя́ться *(чем?)* *to exchange*

обстанóвка (= ситуáция) *situation*

отношéние *attitude, relation*

отношéния *relations*
>**возобновля́ть ~** *to renew relations;* **прекращáть ~** *to end relations;* **расширя́ть ~** *to extend relations;* **углубля́ть ~** *to strengthen relations;* **устанáвливать ~** *to establish relations*

переговóры *negotiations*
>**вести ~** *to conduct negotiations;* **возобновля́ть ~** *to resume negotiations;* **завершáть ~** *to end negotiations;* **начинáть ~** *to begin negotiations;* **учáствовать в ~ах** *to participate in negotiations*

поли́тик *politician*

поли́тика *policy, politics*

председáтель *m.* *chairman*

приём *reception*
>**~ в честь** *(кого/чего?)* *reception in honor of;* **устрáивать ~** *to have a reception*

принима́ть / приня́ть *to receive*
руководи́ть *(чем?)* *to lead*
    ~ госуда́рством *to lead a country*
руково́дство *leadership*
собы́тие *event*
    следи́ть за ~ями *to follow the events*
соглаше́ние (= догово́р) *agreement*
сотру́дничество *cooperation*
сторона́ *side, party*
член *member*
чле́нство *membership*

 # Roots

ГОВО́Р- *speak, talk*	О-ПАС- *danger, caution*
говори́ть *to speak*	**опа́сный** *dangerous*
договори́ться *to agree*	**опаса́ться** *to fear*
догово́р *agreement*	**безопа́сный** *safe*
договорённость *agreement, understanding*	**безопа́сность** *safety*
переговоры *negotiations*	

1. *Check your comprehension of the following phrases.*

- военный **альянс**, политический альянс
- национальная **безопасность**, общеевропейская безопасность
- деловая **беседа**, беседа за круглым столом, беседа за закрытыми дверями
- краткий **визит**, ответный визит, официальный визит, рабочий визит
- очередная[1] **встреча**, подготовительная встреча, торжественная[2] встреча
- **глава** делегации, глава министерства иностранных дел
- политический **деятель**, религиозный деятель
- внешнеполитическая **деятельность**, общественная деятельность
- взаимный[3] **договор**, двусторонний договор, многосторонний договор, мирный договор
- **обмен** информацией, обмен речами
- международная **обстановка**, напряжённая[4] обстановка
- дипломатические **отношения**, напряжённые отношения, международные отношения
- мирные **переговоры**, двусторонние (многосторонние) переговоры
- внешняя[5] **политика**, внутренняя[6] политика, государственная политика, политика невмешательства[7] во внутренние дела других стран

---

[1] here: *scheduled* [2] *ceremonial* [3] *mutual* [4] *tense* [5] here: *foreign* [6] here: *domestic*
[7] *non-interference*

- **председатель** правительства, действующий[8] председатель
- торжественный **приём,** приём в честь высокого гостя
- главное **событие**, важнейшие события
- двустороннее **соглашение**, межгосударственное соглашение, соглашение о ненападении[9]
- **член** организации, член правительства, полноправный член, постоянный[10] член, почётный[11] член

---

[8] *acting*   [9] *non-agression*   [10] *permanent*   [11] *honorary*

2. A. *Form nouns from the following verbs, according to the model.*

▸ *to expand*	(расширять) – расшир**ить**	*расшир**ение***
to fulfill	(выполнять) – выполн**ить**	
to change	(изменять) – измен**ить**	
to complete	(завершать) – заверш**ить**	
to close	(заключать) – заключ**ить**	
to improve	(улучшать) – улучш**ить**	
to violate	(нарушать) – наруш**ить**	
▸ *to reduce*	сокращ**ать** – (сократить)	*сокращ**ение***
to discuss	обсужд**ать** – (обсудить)	
to observe	соблюд**ать** – (соблюсти)	
to renew	возобновл**ять** – (возобновить)	
to strengthen	укрепл**ять** – (укрепить)	

Note the following:

to exchange	обмениваться – обменяться	обмен
to support	поддерживать – поддержать	поддержка
to prepare	подготавливать – подготовить	подготовка
to sign	подписывать – подписать	подписание
to establish	устанавливать – установить	установление
to participate	участвовать	участие

B. *Change the verbal phrases into noun phrases, using the vocabulary from the table. Check your comprehension of the resulting forms.*

▸ изменить текст договора   ***изменение текста договора***

1. расширить контакты с другими странами
2. выполнить условия договора
3. завершить первый раунд переговоров

4. улучшить международные отношения
5. соблюдать соглашение о ненападении
6. возобновить переговоры
7. укрепить дипломатические отношения
8. нарушать международный договор
9. обсуждать ряд вопросов
10. сокращать напряжённость
11. подписать ряд документов
12. установить рабочий контакт
13. поддерживать мирные инициативы
14. подготавливать встречу в верхах

3. *Rephrase the following by selecting the appropriate adjective for the noun.*

внешнеполитический   *foreign policy (adj.)*
взаимовыгодный   *mutually beneficial*
многосторонний*   *multilateral*
полноправный   *(having) full (rights)*
межправительственный   *intergovernmental*
двусторонний*   *bilateral*

▸ событие, касающееся зарубежных стран   ***внешнеполитическое событие***

1. переговоры, которые ведутся двумя сторонами
2. переговоры, в которых участвуют более двух сторон
3. соглашение между правительствами разных стран
4. член организации, который участвует в принятии всех решений этой организации
5. отношения, которые выгодны обеим сторонам

---

*soft adj.: -ий, -яя, -ее, -ие

Geographical adjectives

север	северный	европейский	Европа
восток	восточный	азиатский	Азия
юг	южный	американский	Америка
запад	западный	африканский	Африка
центр	центральный	австралийский	Австралия
	дальний		
	средний		
	ближний		
	северо-европейский		
	восточно-азиатский		
	дальневосточный		
	ближневосточный		

4. *Define the geopolitical location of the following countries or cities.*

▶ Польша — *это восточно-европейское государство.*

Норвегия	Англия
Япония	Бразилия
Панама	Владивосток *(city, Far East)*
Германия	Израиль *(in Russian: Near East)*
Тунис	Канада
Узбекистан *(Central/Middle Asia)*	Йоханнесбург *(city, South Africa)*

Круг vs. *круги*

Круг *(sg. only)*, **в кругу** refers to a group of people with personal ties.

домашний, семейный, узкий **круг**
в кругу общения / друзей / близких людей / знакомых

Круги *(pl. only)* is used when referring to social or professional groupings of people.

артистические / военные / деловые **круги**
в дипломатических / научных / правительственных **кругах**

5. *Complete the sentences using either* **круг** *or* **круги** *and the words in parentheses in the correct form.*

1. В (дипломатический) _____ выступление министра иностранных дел вызвало интерес.
2. В _____ (друзья) он предпочитает об этом не говорить.
3. (Деловой) _____ этой страны выразили заинтересованность в расширении контактов с соседним государством.
4. Выступление пресс-секретаря президента не встретило одобрения в (военный) _____.
5. Премьер-министр предпочитает встречать этот праздник в (узкий семейный) _____.

Газетно-публицистический стиль

■ Verb + noun phrases

Verb + noun phrases are common in news reports.

> **принять решение** – instead of **решить**
> **оказать помощь** – instead of **помочь**

6. *Replace the boldfaced verbs with the verb + noun phrases selected from below.*

> принять решение • иметь беседу • оказать помощь,
> одержать победу • нанести визит • принимать участие •
> состоялась встреча *(кого и кого, кого с кем, между кем и кем)*

1. Джон Кеннеди **победил** на президентских выборах 1961-ого года.
2. Министр иностранных дел Российской Федерации **беседовал** со своим коллегой из Египта.
3. Премьер-министр Израиля **решил поехать** в Иорданию.
4. Совет директоров Международного валютного фонда **решил помочь** России в виде предоставления ей кредита на сумму шесть миллиардов долларов.
5. В международном форуме **участвовали** представители пятидесяти стран.
6. Президент России **встретился** с президентом Франции.

■ Indefinite and passive constructions

Indefinite and *passive* constructions are frequently used in news reports.

Aspect		Person defined	Person not defined
Imperf.	*Active*	На переговорах президенты **обсуждали** вопросы сотрудничества.	На переговорах **обсуждали** вопросы сотрудничества.
	Passive		На переговорах **обсуждались** вопросы сотрудничества.

7. *Rephrase the sentences using a) indefinite active and b) indefinite passive constructions.*

1. На переговорах обе стороны обсуждали проблемы решения региональных конфликтов.
2. Во время визита президенты затрагивали некоторые вопросы торгово-экономического сотрудничества между Россией и США.
3. На сессии ООН представители подготавливали документ об укреплении безопасности.

Aspect		Person defined	Person not defined
Perf.	*Active*	На переговорах президенты **обсудили** вопросы сотрудничества.	На переговорах **обсудили** вопросы сотрудничества.
	Passive		На переговорах **были обсуждены** вопросы сотрудничества.

Note the following perfective aspect passive forms:

	Active	Passive
КТО	**обсудил** вопросы	**были обсуждены** вопросы
	определил сроки визита	**были определены** сроки визита
	подготовил документ	**был подготовлен** документ
	подчеркнул важность проблемы	**была подчеркнута** важность проблемы
	затронул вопросы	**были затронуты** вопросы
	рассмотрел перспективу	**была рассмотрена** перспектива

8. *Rephrase the sentences using a) indefinite active and b) indefinite passive constructions. Make changes in the word order as appropriate.*

1. В ходе визита президенты обсудили вопросы дальнейшего развития сотрудничества между Россией и Финляндией.

2. В ходе встречи представители подчеркнули необходимость более активной государственной поддержки центральных и региональных СМИ.

3. Министры иностранных дел России и Франции определили сроки официального визита В.В. Путина во Францию на сегодняшней встрече.

4. В ходе визита премьер-министра Англии в Москву обе стороны подготовили ряд документов.

5. По словам Тернера, в ходе беседы с президентом России они затронули вопросы, связанные с ситуацией в Чечне.

■ Participles (Verbal adjectives)

Participles (verbal adjectives) often replace the relative pronoun **который**.

PRESENT ACTIVE:	**-ущ/-ющ and -ащ/-ящ + ий(ся)** *who, which ~s / is ~ing*

обсуждающий = который обсуждает
говорящий = который говорит

PAST ACTIVE:	**-вш/-ш + ий(ся)** *who, which ~ed / was ~ing*

обсуждавший = который обсуждал

PRESENT PASSIVE:	**-ем/-им + ый** *who, which is ~ed / is being ~ed*

обсуждаемый = который обсуждается

PAST PASSIVE:	**-нн/-енн/-т + ый** *who, which was ~ed / was being ~ed*

обсуждённый = который был обсуждён
затронутый = который был затронут

9. *Rephrase the sentences using the pronoun* **который,** *according to the model.*

▸ Официальная церемония встречи президента России, **прибывшего** по приглашению президента Франции, состоится в пятницу в президентской резиденции.

Официальная церемония встречи президента России, **который прибыл** *по приглашению президента Франции,* *состоится в пятницу в президентской резиденции.*

1. Верховный главнокомандующий объединёнными вооружёнными силами НАТО в Европе Джордж Джоулван, **руководящий** миротворческой операцией сил в Боснии, прибудет в Москву в конце января.

2. На встрече глав СНГ, **открывающейся** сегодня в Москве, будут обсуждёны вопросы политического и экономического сотрудничества.

3. Президент США, **прибывший** с официальным визитом в Россию, посетит Москву, Санкт-Петербург и Нижний Новгород.

4. Россия осуждает террористические акты, **совершенные** недавно исламскими террористами в Израиле.

5. Парламент Грузии обсуждает договор о дружбе и сотрудничестве с Россией, **подписанный** президентами России и Грузии в конце прошлого года.

6. Около 60-ти глав парламентов и парламентских ассамблей стран-членов Совета Европы и европейских стран, **не входящих** в эту организацию, примут участие в двухдневной конференции в Страсбурге.

■ Gerunds (Verbal adverbs)

Gerunds (verbal adverbs) are common in journalistic style.

IMPERFECTIVE, SIMULTANEOUS ACTION:	**-а/-я(сь)** *(while) ~ ing*

выступая   *(while) appearing*
встречаясь   *(while) meeting*

PERFECTIVE, CONSECUTIVE ACTION:	**-в/-вшись** *after ~ ing, (after) having ~ed*

выступив   *after appearing/having appeared*
встретившись   *after meeting/having met*

10. *Break the compound sentences into two simple sentences. Make other adjustments as necessary.*

▸ После подписания договора отношения между двумя странами успешно развиваются, **охватывая** новые области сотрудничества.

После подписания договора отношения между двумя странами успешно развиваются. **Они охватывают новые области сотрудничества.**

1. Премьер-министр Японии, **отвечая** на вопросы журналистов, подтвердил, что не намерен вносить изменения в состав кабинета министров.

2. Министр иностранных дел России, **выступая** на пресс-конференции по итогам переговоров, проинформировал собравшихся о ситуации на Кавказе.

3. Заключение договора о мире, дружбе и сотрудничестве между Россией и Индией имело важное значение, **оказав** позитивное влияние на положение дел в азиатском регионе.

4. **Подчеркнув** важность развития российско-итальянских отношений, премьер-министр уделил особое внимание расширению культурных контактов между обоими государствами.

5. **Возложив** венки[1] к могиле Неизвестного солдата[2], гости отправились в Кремль на встречу со своими российскими коллегами.

---

[1] lay wreaths   [2] tomb of the Unknown Soldier

Acronyms

генсек **генсекретарь**	генеральный секретарь
госсекретарь **госдепартамент**	государственный секретарь государственный департамент
Совбез	Совет безопасности
Минфин	Министерство финансов

11. A. *Here are some abbreviations frequently used in Russian media. If applicable, give the corresponding English abbreviations.*

		English
ЕС	Европейский Союз	EU
МВД	Министерство внутренних дел	—
МИД	Министерство иностранных дел	
РФ	Российская Федерация	
ООН	Организация Объединённых Наций	
ООП	Организация освобождения Палестины	
РПЦ	Русская православная церковь	
НАТО	Североатлантический союз/альянс	
СЕ	Совет Европы	
США	Соединённые Штаты Америки	
ФБР	Федеральное бюро расследований США	

		English
ФРГ	Федеративная республика Германия	
ЦРУ	Центральное разведывательное управление США	
ПАСЕ	Парламентская ассамблея Совета Европы	
ОБСЕ	Организация по безопасности и сотрудничеству в Европе	

B. *Read and translate the following headlines. Decipher the abbreviations.*

Владимир Путин отбыл с визитом в Бельгию
Он будет убеждать **ЕС** сотрудничать с Россией

Глава российского **МИДа** отправился в Испанию

Секретарь **Совбеза РФ** обсудил с главой администрации Армении усилия двух стран в борьбе с международным терроризмом

Главу **МИДа ФРГ** ждут в Москве

Коммунисты хотят ликвидировать **США** за интервенцию в Афганистане

Дорогу в Москву понтифику откроет не приглашение президента, а слово главы **РПЦ**

Class Activities

1. ☺ **Встречи и визиты.** *Кто встретился/встретится с кем? Где? Когда?*

- **Рабочий визит президента Российской Федерации В.В. Путина во Францию состоится в мае.**
- **Президент США Джордж Буш провёл встречу с президентом Южной Кореи Ким Дэ Джуном.**
- **Встреча президента В. Путина с премьер-министром Канады Ж. Кретьеном, прибывшим в Москву с официальным визитом**
- **Российско-американский саммит** *Словения, 16 июня 2001*
- **Встреча глав государств и правительств «Большой восьмёрки»*** *Генуя, 20–22 июля 2001 года*

*G-8 = США, Канада, Россия, Великобритания, Германия, Франция, Италия и Япония

- **Президент России Владимир Путин и премьер-министр Великобритании Тони Блэр тепло попрощались после встречи в неформальной обстановке в загородной резиденции Чекерс британского премьер-министра.**
- **Президент России Владимир Путин, во время своего официального визита в США, провёл встречу с Генеральным секретарем ООН Кофи Аннаном в штаб-квартире ООН.**

2. *Давайте поговорим. Обменяйтесь мнениями по следующим вопросам.*

- Люди вашего поколения интересуются политикой и международными отношениями? Почему (нет)?
- Считаете ли вы, что жители Европы больше интересуются международной политикой, чем американцы? Почему?
- Как по-вашему: с какими государствами США имеет хорошие дипломатические отношения? А с какими отношения напряжённые? Почему?

3. *Путин в США*

А. *Познакомьтесь с программой первого официального визита президента Путина в США в 2001 г. и, работая в двойках–тройках, подготовьте рассказ об этом визите.*

Слова для справок:

вылететь *откуда?* to fly from
прилететь *куда?* to fly to
прибыть *куда?* to arrive
встретиться с *кем?* to meet
посетить *кого?/что?* to visit
участвовать в переговорах, пресс-конференции, приёме-фуршете, рабочем ланче *to participate in negotiations, in a press conference, in a reception (with cocktail buffet), in a working lunch*
совершить прогулку *to take a walk*
выступить перед *кем?* to give a presentation, to appear
дать интервью *кому?* to give an interview

Программа визита президента РФ В.В. Путина в США

12 ноября

- Отлёт из Москвы
- Прибытие в Вашингтон (авиабаза «Эндрюс»)

13 ноября

- Встреча с Президентом Дж. Бушем в узком составе в Белом доме
- Российско-американские переговоры в расширенном составе
- Совместная пресс-конференция президентов В.В. Путина и Дж. Буша
- Встреча с руководством Конгресса и Сената США
- Встречи с политическими деятелями США
- Выступление перед членами Администрации, Конгресса, ведущими представителями общественно-политических и деловых кругов США
- Приём-фуршет в Посольстве Российской Федерации от имени В.В. Путина для участников встречи с членами Администрации, Конгресса, ведущими представителями общественно-политических и деловых кругов США

14 ноября

- Отлёт из Вашингтона в Хьюстон, штат Техас
- Прибытие в Хьюстон (аэропорт «Эллингтон филд»)
- Посещение Университета Райса
- Выступление перед академическими и деловыми кругами Юга США, ответы на вопросы
- Фуршет для участников встречи с академическими и деловыми кругами Юга США
- Отлёт из Хьюстона в Уэйко, штат Техас
- Прибытие в Уэйко (аэропорт технического колледжа Уэйко)
- Отлёт на вертолёте в личную резиденцию Дж. Буша Прэри Чэпл
- Прибытие в личную резиденцию Президента Дж. Буша Прэри Чэпл (г. Кроуфорд)
- Встреча с Президентом Дж. Бушем

15 ноября

- Прогулка президентов В.В. Путина и Дж. Буша по окрестностям Прэри Чэпл
- Посещение средней школы в Кроуфорде
- Рабочий ланч с Президентом Дж. Бушем в резиденции Прэри Чэпл
- Отлёт на вертолёте в Уэйко
- Прибытие в Уэйко
- Отлёт из Уэйко в Нью-Йорк
- Прибытие в Нью-Йорк (аэропорт им. Дж. Кеннеди)

- Посещение места трагедии, беседа с мэром Нью-Йорка Р. Джулиани
- Интервью Национальному общественному радио National Public Radio (NPR), ответы на вопросы радиослушателей
- Отлёт из Нью-Йорка

16 ноября

- Прибытие в Москву

(Materials from http://president.kremlin.ru)

http://mllc.utsa.edu/smi

B. *For more information about President Putin's visit, see the* News from Russia *Web site.*

4. Официальная хроника.

A. *Read the following current events reports and explain their contents in English as closely as possible.*

1.

Михаил Касьянов отправляется в Норвегию

В четверг председатель правительства РФ Михаил Касьянов отправляется с официальным визитом в королевство Норвегию. В столице Норвегии, Осло, российский премьер проведёт переговоры с премьер-министром Норвегии Йенсом Столтенбергом.

Также Михаил Касьянов встретится с королём Норвегии Харальдом V, с депутатами норвежского парламента, с представителями деловых кругов.

(Интерфакс)

2.

Герхард Шредер прибывает в Москву

В понедельник в Москву с более чем кратким визитом, который продлится всего три часа прибудет канцлер ФРГ Герхард Шредер. Он проведёт неформальную встречу с президентом России Владимиром Путиным.

Предполагается, что во время встречи лидеры двух государств обсудят состояние торгово-экономических отношений между Россией и Германией. Речь также пойдёт о ситуации на Балканах после президентских выборов в Югославии.

(Интерфакс)

3.

Владимир Путин встретился с Александром Солженицыным

Встреча президента России Владимира Путина и писателя Александра Солженицына продолжалась около трёх часов.

Беседа состоялась в среду вечером в селе Троице-Лыково (ближнее Подмосковье), куда семья Солженицыных переселилась после эмиграции. Президент приехал в дом Солженицыных в среду вечером вместе с супругой Людмилой. Их встретили Александр Солженицын и его супруга Наталья.

(Интерфакс)

4.

Президенты России и Армении подписали декларацию о взаимодействии

Президенты России и Армении Владимир Путин и Роберт Кочарян подписали по итогам переговоров в Кремле декларацию о союзническом взаимодействии России и Армении в XXI веке.

По словам Владимира Путина, в этом документе нашло отражение то, что Армения является «традиционным союзником России». В свою очередь Роберт Кочарян заявил, что Армения рассматривает Россию не только как северного соседа, а как «страну, с которой Армению связывает духовная общность».

(ИТАР-ТАСС)

5.

Сегодня в Кремле президент Владимир Путин примёт министра иностранных дел Франции Юбера Ведрина.

Он прибыл в Москву для подготовки официального визита главы России в Париж. В октябре там пройдёт саммит Россия–ЕС До конца года Франция — официальный председатель Европейского Союза. И на сегодняшней встрече речь пойдёт также о возможной финансовой и технической помощи России. Ну, а в эти минуты министр иностранных дел Франции Юбер Ведрин встречается со своим российским коллегой Игорем Ивановым. Стороны решают проблемы стратегической стабильности в отношениях между двумя странами.

(Интерфакс)

6.

В ХОДЕ ВИЗИТА МИНИСТРА ИНОСТРАННЫХ ДЕЛ ФРАНЦИИ ЮБЕРА ВЕДРИНА В МОСКВУ СОГЛАСОВАНА СЕРИЯ РОССИЙСКО-ФРАНЦУЗСКИХ КОНТАКТОВ НА ВЫСШЕМ УРОВНЕ

Владимир Путин посетит с официальным визитом Францию с 30 октября по 1 ноября. Эти сроки были согласованы сегодня на встрече министров иностранных дел России и Франции Игоря Иванова и Юбера Ведрина.

Сегодня днём завершились переговоры главы французского МИДа с президентом России. Наряду с вопросами двусторонних отношений, обсуждались сотрудничество России с Евросоюзом, положение в Косово и выборы в Югославии.

Юбер Ведрин прибыл в Москву не только как министр иностранных дел Франции, но и в качестве действующего председателя Евросоюза. Возложив венки к могиле Неизвестного солдата, он приехал в особняк МИДа на встречу со своим российским коллегой. В присутствии журналистов министры говорили по-дружески на «ты», желая, веро-

ятно, уменьшить остроту обсуждаемых проблем. Это итоги выборов в Югославии, ситуация в Косово и в Чечне.

Обоюдный интерес у России и Франции вызывают также положение в Ираке и ближневосточный мирный процесс.

После беседы с Игорем Ивановым глава французского МИДа направился в Кремль, где его принял российский президент. Владимир Путин назвал Францию важнейшим и незаменимым партнёром России.

Владимир Путин: «Ваш визит, уважаемый господин министр, открывает целую серию взаимных контактов, и мы очень надеемся, что они помогут развитию двусторонних отношений и отношений России с Европейским сообществом».

Официальный визит Владимира Путина во Францию начинается 30 октября, но в Париж он прибудет раньше, чтобы участвовать в саммите Россия–ЕС. Юбер Ведрин заверил российского президента, что на Елисейских полях его ждут.

(Интерфакс)

B. *For each report, comment on the following points, as applicable.*

- Кто поедет/поехал куда? Кто прибудет/прибыл куда?
- Кто встретится/встретился с кем?
- Цель поездки (вести переговоры, обсуждать вопросы о чём?, подписать что?, готовиться к чему? и т.д.)

Заметка

The **заметка,** or *news brief,* is one of the most popular journalistic genres.

External Characteristics:

- Gives information about a fact or event with some details
- Answers the questions кто?/что?, где?, когда?
- Does not analyze the event, i.e., does not answer the question почему?
- Includes the source (ИТАР-ТАСС, ИНТЕРФАКС, Пресс-служба …)

Linguistic Characteristics:

- Journalistic clichés
- Neutral vocabulary
- Verb + noun phrases (принять участие, принять решение)
- Verbal adverbs and adjectives
- Indefinite and passive constructions

5. *Заметка*

A. *Read the two variants of the same announcement and decide which one is a typical news brief and which one would be more suitable for an oral report.*

…Находящийся с официальным визитом в Стокгольме министр иностранных дел РФ Игорь Иванов провёл ряд встреч с премьер-министром Швеции Ингваром Карлссоном, министром иностранных дел Леной Ельм-Валлен, а также со специально приехавшим в Стокгольм министром иностранных дел Великобритании Дугласом Хердом. Выступая на пресс-конференции по итогам переговоров, Игорь Иванов проинформировал собравшихся, что военные операции в Чечне близки к завершению и в конце текущего года в республике пройдут всеобщие свободные выборы. *По сообщению ИТАР-ТАСС.*	В Стокгольме с кратким рабочим визитом находится министр иностранных дел России Игорь Иванов. Там он встретился с премьер-министром Швеции Ингваром Карлссоном и министром иностранных дел Леной Ельм-Валлен. А также он встретился с министром иностранных дел Великобритании Дугласом Хердом, который специально приехал в Стокгольм. После окончания переговоров Игорь Иванов выступил на пресс-конференции. Он рассказал собравшимся о том, что военные действия в Чечне скоро кончатся, и там пройдут в конце этого года всеобщие свободные выборы. Об этом сообщило информационное агентство России.

B. *List the changes in syntax that were made in rephrasing the news brief.*

C. *Underline the sentences or phrases in the news brief that contain the key information of the text.*

D. *Suggest a title for the article.*

6. *Новости из-за границы.*

А. *Find some of the typical external and linguistic characteristics of a news brief in the following text.*

Российские парламентарии в Страсбурге

Около 60-ти глав парламентов и парламентских ассамблей стран-членов Совета Европы и европейских стран, не входящих в эту организацию, примут участие в начинающейся в пятницу в Страсбурге двухдневной конференции, созванной по инициативе председателя парламентской ассамблеи Совета Европы (ПАСЕ) лорда Рассела-Джонстона. Россию на этом форуме представляет делегация парламентариев во главе с председателем Госдумы Геннадием Селезнёвым. Участники конференции намерены уделить особое внимание двум проблемам: координации действий национальных парламентов, ПАСЕ и других законодательных органов Европы в разработке и реализации европейских норм, а также роли парламентов в борьбе с организованной преступностью и коррупцией. Спикер нижней палаты российского парламента Геннадий Селезнёв намерен посвятить часть своего выступления обстановке в Чечне и проблемам борьбы с международным терроризмом. Ожидается, что после обсуждения этих проблем главы европейских парламентов и парламентских ассамблей выработают общую линию и примут рекомендации, которые в законодательном порядке позволят координировать действия «в рамках великой и демократической Европы» по борьбе с коррупцией и организованной преступностью. Накануне открытия конференции Геннадий Селезнёв встретился с лордом Расселом-Джонстоном и обсудил с ним проблемы дальнейшего участия России в работе СЕ. Со стороны СЕ и руководителя ПАСЕ было проявлено стремление к развитию диалога с Россией.

ПРАЙМ-ТАСС
«Интернет-газета» 5 мая 2000 г.

В. *Underline the sentences and phrases that contain the key information and prepare a brief written report in Russian, rephrasing the text as appropriate.*

Учимся делать презентацию газетной публикации

Для этого необходимо выполнить следующие действия:

- Выписать имена и фамилии людей, которые есть в публикации и объяснить на русском языке, кто эти люди
- Объяснить географические названия, названия организаций, партий
- Передать основную информацию публикации в виде **письменного резюме** или **устного изложениня**
- Подготовиться к ответу на возможные вопросы членов группы по проблематике публикации

В начале резюме используйте следующие речевые образцы:

- Заметка под заголовком «...» была напечатана в газете/журнале/на сайте «...» за ... (число) ... (месяца) ... (года)
- В заметке говорится о том, что...

7. 🗭 *Встречи, визиты, переговоры. Выберите одну из предложенных публикаций для презентации в классе.*

1.

Чеченский экскурсионный маршрут
Действующий председатель ОБСЕ, глава МИД Австрии Бенита Ферреро-Вальднер 12–15 апреля посетит с официальным визитом Россию. Она планирует встретиться в Москве с президентом России Владимиром Путиным и провести переговоры с главой МИД РФ Игорем Ивановым. Как предполагается, затем госпожа Ферреро-Вальднер вылетит на Северный Кавказ. Действующий председа- тель ОБСЕ планирует совершить поездку по городам и населённым пунктам Чечни, а также посетить одну из больниц республики. Ранее глава российского МИДа Игорь Иванов уже встречался с австрийской коллегой в Люксембурге перед заседанием Совета сотрудничества Россия-ЕС. ПРАЙМ-ТАСС *«Сегодня» 11 апреля 2000 г*

2.

Экс-премьер Японии встретится с экс-президентом России

Экс-премьер Японии Рютаро Хосимото 21 апреля вечером прибывает с супругой в Москву для встречи с первым президентом России Борисом Ельциным. По словам представителя японского посольства в Москве, Хосимото прибудет в Москву по приглашению Ельцина в качестве «давнего друга». Как сообщил японский дипломат, встреча Ельцина и Хосимото намечена на 22 апреля и пройдёт в Подмосковье. «Они будут общаться семьями», — подчеркнул он. По словам дипломата, в тот же день вечером Хосимото с супругой отбудут из Москвы на родину. Представитель японского посольства сообщил, что «в силу краткости визита» встреча с прессой у Хосимото не планируется. В последний раз экс-премьер Японии посещал Москву в ноябре прошлого года.

ИНТЕРФАКС
«НГ» 12 апреля 2000 г

3.

Путин встретился с Тернером

Владимир Путин встретился вчера с американским медиа-магнатом, основателем телекомпании «Си-эн-эн» Тэдом Тернером. По словам Тернера, в ходе их разговора были затронуты вопросы, связанные с ситуацией в Чечне, однако «очень немного». Тернер не детализировал хода разговора на эту тему. Второй темой, которой коснулись собеседники, были проблемы сокращения и уничтожения ядерного, химического, биологического и других видов оружия массового поражения. «Мы согласились, что надо жить без оружия массового поражения», — отметил бизнесмен. В ходе встречи обсуждались также вопросы безопасности в мире и вопросы, связанные с дальнейшим развитием экономического сотрудничества между США и Россией. Неформальный характер беседы подчёркивался тем обстоятельством, что она проходила не в представительском кабинете главы российского государства, где он обычно принимает зарубежных гостей, а в небольшой Синей гостиной Кремля. Это не первая встреча Путина с Тернером: российский президент вчера напомнил американскому медиа-магнату о совместной работе в 1994 году по организации в Санкт-Петербурге Игр доброй воли.

ПРАЙМ-ТАСС
«Коммерсант» 12 мая 2000 г

4.

Фишера ждут в Москве	
Министр иностранных дел Германии Йошка Фишер посетит Россию с официальным визитом 11–13 февраля. В Москве Йошка Фишер проведёт переговоры со своим российским коллегой Игорем Ивановым. Стороны обсудят вопросы двусторонних отношений, в частности проблему российского долга, которая стала одной из центральных тем состоявшейся 6–7 января встречи Владимира Путина с канцлером ФРГ Герхардом Шрёдером. Не исключено, что в Москве главу МИД Германии примут президент РФ	Владимир Путин и председатель правительства Михаил Касьянов. Основными темами московских переговоров глав внешнеполитических ведомств двух государств станут ситуация на Балканах и вопросы ближневосточного урегулирования. Предыдущая беседа Игоря Иванова с Йошкой Фишером состоялась 11 января в Париже в рамках встречи руководителей внешнеполитических ведомств России, США, Германии, Франции и Италии. *ИТАР-ТАСС* *«НГ» 1 февраля 2001 г*

5.

Секретарь Совбеза РФ принял конгрессменов США в Кремле	
18 февраля Секретарь Совета Безопасности Российской Федерации В.Б. Рушайло принял в Кремле делегацию конгрессменов США во главе с председателем комитета по борьбе с международным терроризмом палаты представителей Конгресса США Джеймсом Сэкстоном. В ходе встречи состоялся конструктивный, заинтересованный диалог по узловым вопросам двусторонних российско-американских отношений: стратегической стабильности, нераспространении оружия массового поражения, борьбе с международным терроризмом, а также взаимодействию по широкому спектру проблем международной и региональной безопасности. Подробно была обсуждена ситуация в Афганистане и в Чеченской Республике. Говоря о борьбе с международным терроризмом, В.Б. Рушайло подчеркнул, что необходимо в первую очередь	отказаться от двойных стандартов по отношению к террористам и не отождествлять антитеррористическую деятельность с решением геополитических задач. Американская сторона признала, что события в Чечне и трагедия 11 сентября в США имеют одну и ту же природу. Стороны подчеркнули, что отношения России и США играют ключевую роль в обеспечении международной безопасности и стратегической стабильности. В этой связи был затронут ряд вопросов выработки новых форматов договорённостей и механизмов сокращения стратегических вооружений. Во время встречи в Кремле были обсуждены также перспективы развития российско-американских отношений, параметры которых будут подробно рассмотрены на предстоящем в мае российско-американском саммите на высшем уровне. *Пресс-служба* *Секретаря Совбеза РФ*

6.

Папа и ныне там

Дорогу в Москву понтифику откроет не приглашение президента, а слово главы РПЦ

Сегодня президент России отправился с рабочим визитом в Италию. Это первая поездка Владимира Путина в Западную Европу после официального вступления в должность. Программа итальянской части визита российского президента никаких сюрпризов не обещает. Интрига связана с планируемым посещением Владимиром Путиным Ватикана и его встречей с Папой Римским. Наблюдатели ожидают от Владимира Путина не только формального приглашения Иоанна Павла II посетить Россию. От российского президента ждут, что он сделает визит главы Римско-католической церкви реальностью.

Дело в том, что впервые Папу приглашали посетить СССР четверть века назад, в 1975 году. Однако принципиальная позиция Ватикана состоит в том, что Папа не может посетить страну, если на это нет согласия руководства преобладающей там конфессии — в нашем случае Русской православной церкви. А вот РПЦ такого согласия не даёт и Папу в Россию не приглашает, так как, по мнению высших иерархов РПЦ, главным препятствием для такого приглашения остаётся римско-католическая экспансия на западе Украины: верующие там лишаются своих православных храмов.

По той же причине закончились попытки пригласить Папу в Москву, предпринятые руководством перестроечного СССР, а затем и независимой России. В 1989 году в Апостольском дворце Ватикана побывали Михаил Горбачёв с супругой. Михаил Сергеевич тогда официально пригласил Папу Иоанна Павла II в Москву. Затем дважды (в 1991 и 1998 годах) это приглашение было подтверждено первым президентом России Борисом Ельциным.

Глава Ватикана Иоанн Павел II, по его собственным словам, с «большим интересом» ждёт встречи с новым президентом России, но его позиция относительно визита в Россию остаётся неизменной. Поездка в Москву является заветной мечтой нынешнего понтифика. В Ватикане очень рассчитывают на то, что Владимиру Путину удастся убедить руководство РПЦ не препятствовать визиту Папы в Россию. По крайней мере, последнее заявление Патриарха Алексия II, в принципе не исключившего возможность своей встречи с Иоанном Павлом II, воспринято с большим воодушевлением.

Алексей Букалов
«Сегодня» 6 июня 2000 г

8. 🗩 *Внешняя политика России: Мнения россиян.*

А. *Перед вами результаты опросов общественного мнения россиян, которые были опубликованы в ежегоднике «Общественное мнение — 2001» (Москва. ВЦИОМ, декабрь 2001 г). Все ответы даны в %.*

- Познакомьтесь с результатами опроса и прокомментируйте ответы россиян.
- Какие ответы вас удивили?
- Как бы вы их объяснили?

1. *Как бы Вы оценили отношения между Россией и …*

	другими республиками бывшего СССР	Украиной	Белоруссией
дружественные	12	7	16
хорошие, добрососедские	19	18	32
нормальные, спокойные	38	31	38
прохладные	20	27	8
напряжённые	6	12	2
враждебные	1	1	1
затрудняюсь ответить	4	4	4

2. *Как бы Вы оценили в целом нынешние отношения между Россией и США?*

дружественные	5
хорошие, добрососедские	8
нормальные, спокойные	38
прохладные	30
напряжённые	13
враждебные	1
затрудняюсь ответить	4

3. *Какова, на ваш взгляд, главная цель российской политики на ближайшие 10–15 лет?*

Россия должна …	
Вернуть себе статус сверхдержавы, какой был СССР.	31
Войти в пятёрку наиболее развитых стран мира.	23
Войти в число 10–15 экономически развитых стран мира, таких как Бразилия, Южная Корея, Тайвань.	12
Отказаться от внешнеполитических амбиций и сосредоточиться на решении внутренних проблем.	16
Стать лидером блока государств, противостоящих глобальным претензиям США	5

B. Вы — социолог, изучающий общественное мнение россиян. Какие ещё вопросы по этой теме вы бы задали гражданам России?

🖥 http://mllc.utsa.edu/smi

C. Найдите новые опросы на сайте ВЦИОМ.

🖥

9. 💬 *Давайте поговорим!* To prepare for the following questions, visit the Internet sites http://president.kremlin.ru and http://www.whitehouse.gov.

- Какое, на ваш взгляд, важное внешнеполитическое событие произошло в мире/в России/в вашей стране в этом/прошлом году?
- С какими странами в последнее время Россия вела двусторонние переговоры? Кто участвовал в этих переговорах? О чём были эти переговоры?
- С какими странами в последнее время ваша страна вела двусторонние переговоры? Кто участвовал в этих переговорах? О чём были эти переговоры?

Итоги

🖥 http://mllc.utsa.edu/smi

10. *Работаем в интернете!* Найдите свежие информационные заметки по теме «Официальная хроника: встречи, визиты, переговоры» в интернете и выберите одну из них для презентации в классе.

Тема 4

Экономика и бизнес: деловые контакты с Россией

ЧТО МЫ УЗНАЕМ?

- ■ о сегодняшних экономических партнёрах России
- ■ о российских экспортно-импортных сделках
- ■ о наиболее важных экономических вопросах
- ■ об особенностях экономического языка
- ■ об особенностях газетно-публицистического жанра интервью
- ■ об отношениях россиян к труду

ЧТО МЫ СМОЖЕМ?

- ■ прочитать и понять материалы по деловой и экономической тематике
- ■ прочитать статьи, содержащие цифровой материал
- ■ прокомментировать статистические данные
- ■ передать своими словами содержание прочитанного материала

Vocabulary Development

а́кция *stock*
банк *bank*
би́ржа *exchange, market*
бюдже́т *budget*
валю́та *currency, money*
вы́годный *profitable, beneficial*
делово́й *business(-related)*
дефици́т *deficit*
де́ятельность *f.* *activity*
долг *debt*
до́ля *share, lot*
дота́ция (= субси́дия) *subsidy*
дохо́д *income*
зарпла́та (зарабо́тная пла́та) *salary*
и́мпорт (= ввоз) *import*
импорти́ровать (= ввози́ть) *to import*
инвести́ции (= вкла́ды) *investments*
компа́ния *company*
конкуре́нт *competitor*
креди́т *credit*
кри́зис *crisis*
льго́та *privilege*
нало́г *tax*
    ~ на доба́вленную сто́имость *value-added tax (VAT), sales tax*
о́бщество *society, company*
    акционе́рное ~ *joint-stock company*
опто́вый *wholesale (adj.)*
поста́вка *supply, delivery*
потреби́тель *m.* *consumer*
потреби́тельский *consumer (adj.)*
по́шлина *duty, customs*
    тамо́женная ~ *customs (duties)*
предпринима́тель *m.* *entrepreneur, owner of a company*
предприя́тие *enterprise*
при́быль *f.* *profit*
производи́ть / произвести́ (= изготовля́ть / изгото́вить) *to manufacture, to produce*
произво́дство *production*
промы́шленность *f.* *industry*
расхо́д *expense*
рента́бельный *profitable*
ро́зничный *retail (adj.)*
ры́нок *market*
ры́ночный *market (adj.)*
сде́лка *transaction, deal*

со́бственность *f.* *property*
сотру́дничество *cooperation*
спрос *demand*
　　　~ и предложе́ние *supply and demand*
сто́имость *f.* *cost*
това́р *goods*
торго́вля *trade*
　　　опто́вая ~ *wholesale trade;* ро́зничная ~ *retail trade*
убы́ток *loss*
усло́вия *pl.* *conditions*
услу́ги *pl.* *services*
фи́рма *company*
цена́ *price*
эконо́мика *economy*
э́кспорт (= вы́воз) *export*
экспорти́ровать (= вывози́ть) *to export*

 ## Roots

ВЕЛ-, ВЕЛИ́Ч- *great, big*	ДЕ-, ДЕЛ-, ДОЛ- *make, do, business, divide, share*
вели́кий *great* увели́чивать(ся) / увеличи́ть(ся) *to get bigger, increase*	де́ятель *agent* де́ло *thing, business, affair* де́лать *to do* делово́й *business(-related)* сде́лка *transaction, deal* деле́ние *division* подразделе́ние *subsidiary, subdivision* дели́ть / подели́ть *to divide* разделя́ть / раздели́ть *to divide, share* распредели́ть *to distribute* уделя́ть / удели́ть *to give, devote* до́ля *share, lot*
ВОЗ-, ВЕЗ- *carry by vehicle, -port*	
везти́, вози́ть *to carry* ввоз *import* вы́воз *export*	
ВЫС-, ВЫШ- *high, alt-*	
высо́кий *high* вы́сший *higher, highest* вы́ше *higher* свы́ше *over* повыша́ться/повыси́ться *to raise*	

ДОЛГ-, ДОЛЖ- *debt, duty*

долг *debt*
должни́к *borrower*
задо́лженность *debt(s)*
одолжи́ть *to lend*

ДОРОГ-, ДОРОЖ- *dear, expensive*

дорого́й *dear, expensive*
дорожа́ть / подорожа́ть *to get more expensive*

КРАТ-, КОРОТ- *short, brev-*

коро́ткий *short*
краткосро́чный *short-term*
сокраща́ться / сократи́ться *to shorten*

КУП- *buy*

покупа́ть / купи́ть *to buy, to purchase*
поку́пка *purchase*
покупа́тель *buyer*

МЕН-, МЕНЬШ- *less*

ме́нее *less*
ме́ньше *less*
меньшинство́ *minority*
уменьша́ться / уменьши́ться *to get smaller*
уменьше́ние *reduction*

НИЗ-, НИЖ- *down, low*

ни́зкий *low*
вниз *down*
снижа́ться / сни́зиться *to lower*
ни́жний *lower*
ни́же *below, beneath*

ПАД- *fall*

па́дать / упа́сть *to fall*
спад *fall*

ПЛАТ- *pay*

плати́ть / заплати́ть *to pay*
пла́та *payment*
платёж *payment*
плате́льщик *payer*
опла́та *payment*
беспла́тный *free (no cost)*
зарпла́та *salary*
квартпла́та *apartment rent*

РАСТ-, РОСТ- *grow*

рост *growth*
расти́ / вы́расти (вы́рос/ла) *to grow*
возраста́ть / возрасти́ *to grow*
во́зраст *age*
о́трасль *branch (of business)*

СТАВ- *put (standing), place, –pose*

ста́вить / поста́вить *to put (standing)*
ста́вка *rate*

ПО + СТАВ- *supply, deliver, provide*

поставля́ть / поста́вить *to supply, to deliver*
поста́вка *supply, delivery*
поста́вщик *supplier*

ПРЕД + СТАВ- *put in front, represent*

представля́ть / предста́вить *to represent*
представи́тель *representative*

СО + СТАВ- *put together, compile*

составля́ть / соста́вить *to consist, to comprise*
соста́в *makeup, composition, structure*

СТО(Й)- *be worth, cost*

сто́ить *to cost*
сто́имость *cost*

ТРЕБ- *demand, need*

тре́бовать *to demand*
тре́бование *demand*

ПО + ТРЕБ- *consume, use*

потребля́ть *to consume*
потребле́ние *consumption*

потреби́тель *consumer*
потреби́тельский *consumer*
употребля́ть *to use*

ХУД-, ХУЖ-, ХУДШ- *thin, bad, poor*

худо́й *thin*
ху́же *worse*
ухудше́ние *worsening, decline, deterioration*
ухудша́ться / ухудши́ться *to become worse, to worsen*

---

1. *Check your comprehension of the following phrases.*

- банковские **акции**, акции фирмы
- коммерческий **банк**, филиал[1] банка
- фондовая[2] **биржа**, биржа труда
- иностранная **валюта**, твёрдая валюта, курс валюты, обмен валюты
- **деловые** контакты
- инвестиционная **деятельность**, коммерческая деятельность
- годовой **доход**, доход от коммерческой деятельности
- **импорт** товаров, доля импорта
- государственные **инвестиции**, частные инвестиции
- головная (= материнская) **компания**, дочерняя компания, консалтинговая компания, страховая[3] компания, финансовая компания
- банковский **кредит**, долгосрочный кредит, краткосрочный кредит
- валютно-финансовый **кризис**, экономический кризис
- государственный **налог,** единый социальный[4] налог
- **поставка** товаров
- **потребительские** цены
- таможенная **пошлина,** пошлина на импорт
- свободное **предпринимательство**
- государственное **предприятие**, частное предприятие, промышленное предприятие
- чистая **прибыль**
- массовое **производство**, промышленное производство
- автомобильная **промышленность**, отрасль[5] промышленности
- мировой **рынок**, свободный рынок
- **рыночная** экономика, рыночные цены

---

[1] *branch*   [2] *stock (literally: fund)*   [3] *insurance*   [4] **единый социальный:** *(here) social security*
[5] *branch*

- банковская **сделка**, биржевая сделка
- государственная **собственность**, частная собственность, собственность предприятия
- торгово-экономическое **сотрудничество**
- большой **спрос**, спрос на товары, спрос и предложение
- импортные **товары**, (не)конкурентоспособные товары, товары широкого потребления
- внешняя **торговля**, внутренняя торговля
- (не)выгодные **условия,** льготные условия
- банковские **услуги**, транспортные услуги
- конкурирующая[6] **фирма**
- оптовые **цены**, розничные цены

---

[6] *competing*

2. A. *Form nouns from the following verbs, according to the model.*

▶ *to form*	формиров**ать**	*формиров**ание***
to regulate	регулировать	
to stimulate	стимулировать	
to use	использовать	
to expend, to spend	расходовать	
to finance	финансировать	
▶ *to fulfill, to execute*	выполн**ить**	*выполн**ение***
to distribute	распределить	
to supply, to provide	обеспечить	
to limit, to restrict	ограничить	
to conclude	заключить	

B. *Change the verbal phrases into noun phrases, using the vocabulary from the table. Check your comprehension of the resulting forms.*

▶ формировать рынок   ***формирование рынка***

1. регулировать рост цен
2. распределить продукцию
3. стимулировать развитие малого бизнеса
4. финансировать проект
5. ограничить заключение валютных сделок
6. расходовать денежные средства

3. *Change the verbal phrases into noun phrases, using the vocabulary from the table. Check your comprehension of the resulting forms.*

Verb	Process, Activity	Person, Organization, Country
акционировать *to go public (to put on the stock market)*	акционирование	акционер
импортировать *to import*	импорт	импортёр
кредитовать *to give credit*	кредитование	кредитор
платить *to pay*	плата, платёж	плательщик
покупать *to buy*	покупка	покупатель
посредничать между *кем?* и *кем?* *to mediate, to act as a middleman*	посредничество	посредник
поставлять *to supply, to deliver*	поставка	поставщик
потреблять *to consume*	потребление	потребитель
продавать *to sell*	продажа	продавец
производить *to produce, to manufacture*	производство	производитель
распространять *to distribute*	распространение	распространитель
экспортировать *to export*	экспорт	экспортёр

A. *Process or activity*

▸   экспортировать газ   ***экспорт газа***

1.   импортировать экологически чистые продукты
2.   производить товары народного потребления
3.   продавать промышленные товары
4.   потреблять электроэнергию
5.   поставлять техническое оборудование
6.   акционировать приватизированные предприятия

B. *Person*

▸   экспортировать газ   ***экспортёр газа***

1.   импортировать продукты питания
2.   производить бытовую технику
3.   потреблять товары отечественного производства
4.   поставлять российскую нефть
5.   посредничать между российскими и французскими фирмами
6.   покупать товары широкого потребления

4. *Change the phrases according to the model, making compound adjectives from the single adjectives in the table.*

Австрия	австрийский
Америка, США	американский
Англия, Великобритания	английский
Белоруссия (Беларусь)	белорусский
Германия	германский
Италия	итальянский
Канада	канадский
Китай	китайский
Корея	корейский
Россия	российский
Украина	украинский
Франция	французский
Япония	японский

▶ сотрудничество между Россией и Украиной
российско-украинское сотрудничество

1. сотрудничество между Россией и Францией
2. деловые контакты между США и Россией
3. экономические связи между Китаем и Англией
4. сотрудничество между Италией и Австрией
5. торговые отношения между Канадой и Украиной
6. совместный проект между Германией и Белоруссией
7. торгово-экономическое сотрудничество между Кореей и Японией.

5. *The compound words below are used in the phrases that follow. Match the columns.*

взаимовыгодный (взаимный, выгодный)
краткосрочный (краткий, срок)
высокооплачиваемый (высокий, платить)
налогоплательщик (налог, платить)
работодатель (работа, дать)

1. сотрудничество, которое выгодно обеим сторонам
2. еженедельные изменения мировых цен
3. работа, которая хорошо оплачивается
4. зарубежная компания, нанимающая россиян
5. граждане РФ, которые платят налоги

_____ краткосрочные колебания мировых цен
_____ российские налогоплательщики
__1__ взаимовыгодное сотрудничество
_____ иностранный работодатель
_____ высокооплачиваемая работа

6. _Find the synonyms._

1. союзник
2. льгота
3. расход
4. собственник
5. предприниматель
6. доля
7. вкладывать
8. субсидия

_____ владелец
__1__ партнёр
_____ инвестировать
_____ привилегия
_____ дотация
_____ часть
_____ бизнесмен
_____ затраты

7. _Find the opposites._

1. ввоз
2. подъём/рост
3. кредитор
4. партнёр
5. продажа
6. прибыль
7. улучшение
8. оптовый
9. производитель
10. доход

_____ ухудшение
_____ расход
_____ покупка
_____ потребитель
_____ спад
_____ убыток
_____ должник
_____ конкурент
__1__ вывоз
_____ розничный

8. *Arrange the following verbs in the appropriate blanks. Refer to the list of Roots, if necessary.*

возрастать/возрасти   подниматься/подняться
дешеветь/подешеветь   снижаться/снизиться
дорожать/подорожать   сокращаться/сократиться
падать/упасть   увеличиваться/увеличиться
повышаться/повыситься   уменьшаться/уменьшиться

«стать больше»		«стать меньше»	
to get bigger		to get smaller	
to get higher		to get lower	
to rise		to fall, to drop	
to grow, to increase		to decrease, to decline	
to get more expensive		to get cheaper	

Expressing change (in prices, etc.)

Цены выросли   **на** 1 (один) процент / 10 (десять) рублей / 5 (пять) долларов.
But: **в** 2 (два) раза.

9. *Supply the missing verbs and prepositions. Check your comprehension of the sentences.*

1. Цены на эти промышленные товары _____ _____ 5 %.
   got lower

2. Объём производства _____ _____ 2 раза.
   dropped

3. Количество сотрудников фирмы _____ _____ 100 человек.
   increased, "got bigger"

4. Объём экспортно-импортных сделок _____ _____ 4 раза.
   grew

5. Доходы предприятия _____ _____ 2 раза.
   decreased

6. Курс национальной валюты _____ _____ 3 пункта.
   rose

Frequently used units

куб. м	**кубический метр**
км	**километр**
тыс(.)	**тысяча**
млн(.)	**миллион** *million*
млрд(.)	**миллиард** *billion (thousand million)*
трлн(.)	**триллион** *trillion (million million)*
руб(.)	**рубль**
у.е.	**условная единица, свободно конвертируемая валюта***
%, проц	**процент**
€	**евро** *(indecl.)*

Expressing approximation

около	приблизительно
свыше	примерно } *что?*
более } *чего?*	где-то *(colloq.)*
менее	
в пределах	
в районе *(colloq.)*	
порядка *(colloq.)*	

около **пяти** рублей   приблизительно **пять** рублей

1. Numbers 2, 3, and 4 in oblique cases (G, P, D, I) are followed by a *plural* noun.

> свыше двух доллар**ов**
> But:
> примерно два доллар**а**

2. Range (10–15%, etc.) is often read simply by pausing slightly between the numbers.

> десять – пятнадцать процентов
> два – три рубля
> в районе десяти – пятнадцати процентов
> в пределах двух – трёх рублей

10. *Write out the numbers and abbreviations.*

1. в пределах 2–3%
2. менее 15 млн. руб.
3. приблизительно 2 тыс. км
4. около 30 км
5. порядка 2 тыс. куб.м.
6. в пределах 9–10%
7. примерно 1 млрд. руб.
8. свыше 3 млрд. руб.

---

* *Sometimes used for pricing consumer goods or services. The actual price in rubles is based on the daily rate of the currency in which the item was originally imported, mostly dollars or euros.*

11. *Read aloud the following sentences. Write out the numbers and abbreviations.*

1. В инвестиционные проекты вложено уже более 4 млрд. долларов.
2. На долю американских предпринимателей приходится свыше 14% всех зарегистрированных в России совместных предприятий.
3. Доля импорта России в общем внешнеторговом обороте в прошлом году увеличилась на 5 пунктов и составила 26%.
4. Российско-германскому предприятию предоставлен кредит в размере 3 млн. евро.

Notes on numbers

1. The numbers 40, 90, and 100 have the same ending **-a** in all oblique cases. The noun that follows is in the corresponding case.

N	сорок	девяносто	сто	долларов / рублей
A	сорок	девяносто	сто	долларов / рублей
G	сорока	девяноста	ста	долларов / рублей
P	сорока	девяноста	ста	**долларах / рублях**
D	сорока	девяноста	ста	**долларам / рублям**
I	сорока	девяноста	ста	**долларами / рублями**

2. In the numbers 50, 60, 70, 80 and 500, 600, 700, 800, 900, *both parts* are declined. The noun that follows is in the corresponding case.

N	пятьдесят	пятьсот	долларов / рублей
A	пятьдесят	пятьсот	долларов / рублей
G	пятидесяти	пятисот	долларов / рублей
P	пятидесяти	пятистах	**долларах / рублях**
D	пятидесяти	пятистам	**долларам / рублям**
I	пятьюдесятью	пятьюстами	**долларами / рублями**

3. In the numbers 200, 300, and 400 *both parts* are declined. The noun that follows is in the corresponding case.

N	двести	триста	четыреста	долларов / рублей
A	двести	триста	четыреста	долларов / рублей
G	двухсот	трёхсот	четырёхсот	долларов / рублей
P	двухстах	трёхстах	четырёхстах	**долларах / рублях**
D	двумстам	трёмстам	четырёмстам	**долларам / рублям**
I	двумястами	тремястами	четырьмястами	**долларами / рублями**

4. In compound numbers *all parts* are declined. The noun that follows is in the corresponding case.

с **девятьюстами пятьюдесятью двумя** долларами/рублями
with 952 dollars/rubles

5. The numbers **тысяча, миллион, миллиард,** and **триллион** are declined like regular nouns. The noun that follows is in the *genitive plural*.

с двумя тысячами долла**ров**   *with 2000 dollars*
к семи миллионам рубл**ей**   *to 7 million rubles*

🔑 http://mllc.utsa.edu/smi

12. *Complete the phrases by writing out the numbers and abbreviations in the appropriate case.*

▶ возрасти до *(чего?)* 328 млн. руб.
возрасти до трёхсот двадцати восьми миллионов рублей

1. составить *(что?)* 534 млн. руб.
2. возрасти до *(чего?)* 765 тыс. руб.
3. приблизиться к *(чему?)* 247 трлн. руб.
4. располагать *(чем?)* 12 млн. руб.
5. договориться о *(чём?)* 873 тыс. руб.

13. *Read aloud the following sentences. Write out the numbers.*

1. В работе Пятой Северо-западной межбанковской конференции приняли участие более 310 участников из нескольких российских регионов, из 35 стран СНГ и дальнего зарубежья.
2. На сегодняшний день через территорию Украины экспортируется более 90% российского газа.
3. Предполагается, что розничная цена новой компьютерной системы Sun Ray 1 на российском рынке будет порядка 480–500 долл.
4. В этом году германская авиакомпания Lufthansa подписала соглашение с российской авиакомпанией «Сибирь». Теперь пассажиры «Сибири» могут отправиться в любой из 340 городов в 91 стране мира, куда летает Lufthansa.
5. В среднем по России 80% представителей среднего класса определяют свой личный доход суммой свыше 300 долларов, а 50% — в диапазоне от 400 до 1250 долларов в месяц.

Decimal fractions

1. A comma is used in Russian where English uses a decimal point.

2. Decimal fractions consist of two parts: **целая (часть)** *whole* and **десятая (часть)** *tenth*. Fractions **сотая (часть)** *hundredth* and **тысячная (часть)** *thousandth* can also be used. The examples below are given with only one decimal point, i.e., *tenth*.

целая	*whole*		десятая	*tenth*
0,	ноль целых		,0	ноль десятых
1,	одна целая		,1	одна десятая
2,	две целых		,2	две десятых
3,	три целых		,3	три десятых
4,	четыре целых		,4	четыре десятых
5,	пять целых		,5	пять десятых

Decimal fractions can be read in two ways:

0,1	ноль целых одна десятая	*or*	ноль и одна десятая
1,0	одна целая ноль десятых	*or*	одна и ноль десятых
1,2	одна целая две десятых	*or*	одна и две десятых
2,1	две целых одна десятая	*or*	две и одна десятая
4,7	четыре целых семь десятых	*or*	четыре и семь десятых
7,3	семь целых три десятых	*or*	семь и три десятых

3. The noun immediately following decimals is always in the genitive *singular* (fraction of a percent, million, etc.).

процент**а**, раз**а**, миллион**а**, доллар**а**, рубл**я**, тысяч**и**

4,7 млрд.	четыре и семь десятых миллиард**а**
7,3 раза	семь и три десятых раз**а**
5,1 тыс.	пять и одна десятая тысяч**и**

A second noun following the decimal structure is in the *genitive singular or plural*, as appropriate.

5,3 млн. руб.	пять и три десятых миллион**а** рубл**ей**
6,2 куб.м. газа	шесть и две десятых кубическ**ого** метр**а** газ**а**

4. **NOTE:** When the adjective **целая** is omitted, *the whole numbers 1 and 2 agree with the gender of the noun that follows.* The fraction stays in the feminine form.

With masculine noun following:

0,1%	ноль и **одна десятая** процента
1,0%	**один** и ноль десятых процента
1,2 млн.	**один** и **две** десятых миллиона
2,1 км	**два** и **одна десятая** километра

With feminine noun following:

1,2 тыс.	**одна** и две десятых тысячи
2,7 тыс.	**две** и семь десятых тысячи

5. The words **половина** *half* and **полтора** *one and one half* can be used to replace a fraction.

5,5 км	пять **с половиной** километров
1,5 млн.	**полтора** миллиона

6. In complete sentences, decimal fractions are in the required case. Nouns following the decimal (**процент, рубль,** etc.) remain in the genitive case.

Экспорт российского газа увеличился **на** 4,1% (четыре и **одну десятую** процента).

Дефицит бюджета Москвы приближается **к** 35,2 млрд руб. (**тридцати пяти и двум десятым** миллиарда рублей).

Субсидии на строительство возросли **до** 2,1 тыс. долл. (**двух и одной десятой** тысячи долларов).

http://mllc.utsa.edu/smi

14. *Write out the phrases.*

12,5 млн. руб.	0,8 %
2,7 %	23,6 куб. м
5,4 млрд. долл.	1,1 %
2,3 тыс. руб.	6,2 км

15. *Read aloud the following sentences and write out the decimals.*

1. Внешнеторговый оборот России со странами ближнего зарубежья увеличился в этом году в 2,7 раза.
2. Ориентировочная стоимость проекта — 1,6 млрд. долларов.
3. Весь российский импорт вырос за прошлый год на 20,1%.
4. Совместный российско-китайский проект строительства нефтепровода оценивается в 1,7 млрд. долларов. (оцениваться *во что?*)
5. Поставки российского газа в Восточную Европу увеличились на 5,4 %, составив 27,3 млрд. куб. м.

Abbreviations

The following abbreviations and acronyms are commonly used in writing about economic and business topics in Russian.

Внешторгбанк	Банк внешней торговли
Минэконразвития	Министерство экономического развития
Минфин	Министерство финансов
Минэнерго	Министерство энергетики
Центробанк (ЦБ)	Центральный банк Российской Федерации
АО	Акционерное общество
ЗАО	Закрытое акционерное общество
ОАО	Открытое акционерное общество
ООО	Общество с ограниченной ответственностью
РАО	Российское акционерное общество
ВПК	Военно-промышленный комплекс
ТЭК	Топливно-энергетический комплекс
НДС	Налог на добавленную стоимость

16. *Give the corresponding English abbreviation.*

МВФ	Международный валютный фонд
ОПЕК	Организация стран-экспортёров нефти
ВТО	Всемирная торговая организация
ВВП	Внутренний валовой продукт (=общий объём продукции страны)

17. *Read and translate the following headlines. Decipher the abbreviations.*

- ЦБ продолжает валютные аукционы
- Всемирный банк пересчитал ВВП РФ
- Минфин помогает ЦБ поддерживать курс рубля
- Банковской системе России необходимо 5–7 лет для адаптации к нормам ВТО
- МВФ не прощает лжецов. Даже если речь идёт о Таджикистане — союзнике по антиталибской коалиции.
- Базовая ставка НДС снизится до 16 процентов
- Федеральная энергетическая комиссия отказала РАО «Газпром» в инвестициях
- Владимир Путин дал МВФ миллиард. Россия рассчитается по долгам фонда досрочно
- Россия поддержит ОПЕК. ОПЕК пока не знает, кого поддерживать.

Class Activities

1. ***Сколько стоит?*** *Look at the price tag for an imported floor lamp. The price is given in* **у.е.** *(***условная единица,*** see footnote on p. 87). Using the ruble exchange rates given, answer the question below.*

Название	*Терри*
Производитель	*Футуро*
Цена	*75 у.е.*

Курсы ЦБ РФ	
Валюта	**03/19/04**
1 Доллар США	28,5005
1 ЕВРО	35,0585

- Сколько рублей затратит российский потребитель, если торшер «Терри» — это импорт из Италии? Из США?

2. 🗪 *Самые дорогие города мира. Топ-10.* Ответьте на вопросы.

ГАЗЕТА «КОММЕРСАНТЪ"» №134(2503) ОТ 01.08.2002

Город (страна)	Место в рейтинге 2001 года	Индекс 2002 года (индекс 2001 года)
1. Гонконг (Китай)	3	124,2 (130,0)
2. Москва (Россия)	2	120,0 (132,4)
3. Токио (Япония)	1	117,5 (134,0)
4. Пекин (Китай)	4	111,4 (124,4)
5. Шанхай (Китай)	6	104,7 (114,3)
6. Осака (Япония)	5	103,2 (116,7)
7. Нью-Йорк (США)	8	100,0 (100,0)
8. Санкт-Петербург (Россия)	7	98,6 (106,5)
9. Сеул (Южная Корея)	10	95,8 (95,3)
10. Лондон (Великобритания)	12	91,0 (92,9)

Источник: Mercer Human Resource Consulting

- По сравнению с 2001-ым годом, в каких городах жизнь в 2002-ом году подорожала? На сколько баллов?
- А в каких городах жизнь подешевела? На сколько?
- На каком месте был Санкт-Петербург в 2001-ом году? А в 2002-ом?
- Почему индекс Нью-Йорка всегда остаётся на одном уровне?
- Какие данные вас удивили? Как бы вы их обьяснили?
- Что вы знаете об индексе своего города по сравнению с другими городами вашего штата?

3. 🗪 *Хорошие новости?* Как вы думаете, о чём может говориться в материалах, имеющих следующие заголовки? Это хорошие или плохие новости с точки зрения российского потребителя? Аргументируйте свой ответ.

- Дефицит бюджета Москвы вырастет до 35,5 млрд рублей
- За неделю потребительские цены на бензин понизились в среднем на 0,1 процента
- Россия увеличила экспорт газа в Европу
- За первый квартал текущего года уровень безработицы в столице вырос
- Правительство России планирует рост ВВП в 2004 в размере 5 процентов

- Квартплата вырастет: Новые ставки оплаты жилищных услуг населением Москвы вводятся в столице с 17 мая
- Касьянов поставил задачу ускорить темпы экономического роста до 7–8 процентов в год
- Доходы россиян продолжают расти

4. *Новости экономики.*

А. *Read the following text and supply the missing information in the sentences below.*

За первый квартал текущего года уровень безработицы в столице вырос

МОСКВА, 23 апреля. За первый квартал текущего года уровень безработицы в столице вырос. По данным на начало апреля, численность безработных, зарегистрированных в Московской службе занятости, составляет 36,7 тыс. человек. На конец прошлого года этот показатель был 35,9 тыс. человек, или 0,65 проц по отношению к экономически активному населению. Эти цифры в среду на встрече с журналистами привёл руководитель Департамента федеральной государственной службы занятости населения по Москве Сергей Дудников.

По словам Дудникова, уровень безработицы подвержен сезонным колебаниям. Так, его рост наблюдается в осенние и зимние месяцы, тогда как летом «работу найти легче».

Как и прежде, среди безработных преобладают специалисты и служащие (60 проц). В то же время работодатели в основном заинтересованы в рабочих специальностях. Заявки на них в банке данных Московской службы занятости составляют две трети от общего числа.

Чаще других на «скамье запасных» рынка рабочей силы остаются представительницы прекрасного пола. 77 проц всех безработных — это женщины.

Корр. РИА «Новости» 23.04.03

- Уровень безработицы вырос на _____ человек за первый квартал этого года.
- По словам Дудникова, уровень безработицы в летние месяцы обычно _____.
- Большинство безработных — это _____ и _____.
- Мужчины составляют только _____ процентов всех безработных, а «представительницы _____ _____» — 77 %.

В. 🗩 *А у вас?*

- Уровень безработицы в вашей стране сегодня выше или ниже, чем в прошлом году? Почему?
- Что вы думаете о своих возможностях найти работу после окончания университета?

5. *Экспорт газа.* *Read the text and supply the missing information in the table.*

Россия увеличила экспорт газа в Европу

По данным внешнеэкономического подразделения ОАО «Газпром» компании «Газэкспорт», Россия увеличила в январе-августе текущего года экспорт газа в Европу на 4,5 процента по сравнению с аналогичным периодом 2001 года, сообщает РИА «Новости».

По предварительным оценкам, за восемь месяцев 2002 года поставки газа в Европу составили 85,1 миллиарда кубометров. При этом экспорт газа в страны Западной Европы увеличился по сравнению с январем–августом 2001 года на 4,1 процента и составил 57,8 миллиарда кубометров.

Поставки российского «голубого топлива» в Восточную Европу увеличились по сравнению с аналогичным периодом прошлого года на 5,4 процента, составив 27,3 миллиарда кубометров.

По материалам Lenta.ru, 27.09.2002

Экспорт газа в Европу	2001	2002	
	в млрд куб. м	в млрд куб. м	рост в %
Западная Европа	55,5		
Восточная Европа			
Всего	81,4		4,5%

6. *Бюджет Москвы.*

A. *Find out which public areas will gain or lose in Moscow's budget plan. Fill out the budget totals in the table.*

Дефицит бюджета Москвы вырастет до 35,5 млрд рублей

МОСКВА, 23 апреля. До 35,5 млрд рублей вырастет дефицит бюджета столицы. Такую сумму назвал министр правительства Москвы, руководитель Департамента финансов города Юрий Коростелев на очередном заседании Мосгордумы в среду.

Корректировке подвергнется не только доходная часть бюджета. Так, почти на 9 млн руб уменьшатся расходы на государственное управление и местное самоуправление, тогда как на правоохранительную деятельность и обеспечение безопасности государства они увеличатся на 75 млн. Субсидии на строительство или приобретение жилых помещений вырастут на 296 млн руб.

На мероприятия по предупреждению и ликвидации последствий чрезвычайных ситуаций и стихийных бедствий предлагается дополнительно направить более 53 млн руб. По статье «образование» расходы увеличатся на 320 млн, из них треть пойдёт на капитальный ремонт школ, интернатов и других учебных учреждений. Здравоохранение и физическая культура «получат» 403 млн руб, в том числе на финансирование городской программы «Совершенствование медицинской помощи больным сердечно-сосудистыми заболеваниями» будет направлено 99 млн руб, а на капитальный ремонт больниц — 100 млн.

В результате всех дополнительных затрат расходная часть бюджета составит 347,1 млрд руб.

Корр. РИА «Новости» Ирина Андреева 23.04.03

Бюджет г. Москвы		
	Доходы	Расходы
ИТОГО		

В. *Ответьте на вопросы.*

- На что выделяется меньше денег? На сколько меньше?
- На что выделяется больше денег? На сколько больше?
- Вы согласны с решением Мосгордумы? Почему (нет)?
- А у вас? На что вы выделили бы больше денег в вашем городе? На что меньше?

7. *Write a brief English and/or Russian summary of all the news in exercises 4–6.*

8. *Новости экономики. Choose one of the following texts for a presentation in class. Use the grids below as a guide.*

РОССИЯ-КИТАЙ: КРУПНЫЕ СОВМЕСТНЫЕ ПРОЕКТЫ ЭКОНОМИЧЕСКОГО СОТРУДНИЧЕСТВА

Нефть

Совместный российско-китайский проект, общая стоимость которого оценивается в 1,7 млрд. долларов, предусматривает строительство нефтепровода длиной 3 тыс. км из Восточной Сибири в Китай и поставки по нему нефти в объёме 20-30 млн. тонн в год в течение 25 лет. По решению правительства РФ эксклюзивное право на ведение переговоров с китайской стороной о цене российской нефти, экспортируемой в Китай, предоставлено российской нефтяной компании ЮКОС.

Соглашение с китайской стороной о начале проектирования строительства нефтепровода, как ожидается, будет подписано в ходе визита президента РФ Владимира Путина в Пекин 18-19 июля нынешнего года.

Энергетика

В стадии согласования находится проект переброски электроэнергии из Иркутской области в Китай.

С российской стороны проект осуществляет АО «Иркутскэнерго» совместно с РАО «ЕЭС России». Ориентировочная стоимость проекта 1,6 млрд. долларов. Проект предусматривает ежегодные поставки 18 млрд кВт/ч электроэнергии, производимой «Иркутскэнерго», что даст возможность российской стороне получать порядка 400-500 млн. долларов в год. Ожидается, что данный проект будет обсуждаться в ходе предстоящего визита президента России в Пекин 18-19 июля этого года.

Всего на территории Китая при техническом содействии России осуществляется строительство 12 объектов в области энергетики, металлургии, машиностроения, химической промышленности.

По материалам Прайм-ТАСС, Интерфакса и МИД РФ Журнал «Эксперт» 17 июля 2000 г.

Нефть	Энергетика
Project	Project
Location	Location
Purpose	Purpose
Price	Price
Negotiating parties	Negotiating parties
Current status of agreement	Current status of agreement

ПУТИНА ПРИМУТ В НАТО
Евросоюз обсудит с ним энергетику и торговые ограничения

Сегодня Владимир Путин прилетит в Бельгию. Во вторник и среду он встретится с генсекретарём НАТО Джорджем Робертсоном, а также проведёт переговоры с лидерами ЕС о европейских инвестициях в российский ТЭК и о снятии торговых ограничений.

Бельгия в этом полугодии председательствует в ЕС, поэтому именно здесь состоится очередной саммит Россия-ЕС. Такие встречи в верхах проводятся дважды в год, основных тем на них всегда бывает две: обеспечение Европы российскими энергоносителями и развитие торговли. Раньше обсуждения велись на уровне экспертов. На этой неделе уже планируется создать две рабочие группы на правительственном уровне, которые должны наконец выработать практические решения. Европе нужны долгосрочные контракты на поставку российской нефти и газа: это защитило бы страны ЕС от краткосрочных колебаний мировых цен. Россия готова об этом договариваться, но в обмен на масштабные европейские инвестиции в российский ТЭК. По данным Минэнерго, чтобы обеспечить 5%-ый рост российской экономики до 2020 г.,

в отрасль надо вложить 500 млрд. долларов, из которых 150 млрд. долларов нужны к 2001 г.

Второе, чего добивается Россия от ЕС — это интеграции в Европейское экономическое пространство (ЕЭП), в которое помимо 15 стран Евросоюза входят Швейцария, Исландия и Норвегия. ЕЭП — это своего рода мини-модель ВТО, в которую стремится войти Россия. Между 18 странами ЕЭП существует свободное движение товаров, капиталов и рабочей силы. Россия, конечно, не рассчитывает, что её немедленно примут в ЕЭП — речь пока идёт только о снятии некоторых торговых ограничений, например квот на импорт российской стали и текстиля.

Главной темой встречи Путина с Джорджем Робертсоном станет борьба с терроризмом. По словам источника «Ведомостей» в Кремле, «НАТО может стать движущей силой в борьбе с терроризмом, и в этом случае важно обговорить место России в НАТО».

Алексей Германович
(«Ведомости», 1 сентября 2001 г.)

- Negotiating parties
- Location
- General purpose
  – Economic Topic 1
      Eu's needs, reason
      Russia's conditions
  – Economic Topic 2
      Reasons
      Initial goal
  – Topic with NATO leaders

9. *Отношения к труду: Мнения россиян. Перед вами результаты опросов общественного мнения россиян, которые провёл ВЦИОМ (информационный бюллетень №3, 2002 г.). Ответы даны в %.*

- Прокомментируйте ответы россиян с точки зрения возраста и образования респондентов.
- Какие ответы вас удивили?
- Как бы вы их объяснили?

1. Какие из следующих утверждений, на ваш взгляд, лучше всего характеризуют отношение русского человека к труду?

		Возраст			Образование		
Варианты ответов	Всего	до 29 лет	30–49 лет	50 лет и старше	высшее и незаконченное высшее	среднее и средне-специальное	ниже среднего
1. Русский человек работает прежде всего ради денег	33	38	35	28	26	36	33
2. Русский человек работает, не думая об оплате, для него важна интересная работа	14	8	15	17	18	13	13
3. На работе для русского человека важнее всего дружеские отношения в коллективе, возможность общаться с людьми	25	26	22	27	28	23	26
4. Русский человек по-настоящему работает только в критических ситуациях, когда нужно напрячь все силы	18	19	19	16	26	19	14

Варианты ответов	Всего	Возраст			Образование		
		до 29 лет	30–49 лет	50 лет и старше	высшее и незаконченное высшее	среднее и средне-специальное	ниже среднего
5. Русскому человеку важно, чтобы его работа имела высший смысл, служила на благо общества, государства	16	8	14	24	16	14	19
6. Русский человек хорошо работает только на себя, но не на государство, не на «чужого дядю»	25	32	28	17	29	27	21
7. Затрудняюсь ответить	25	32	28	17	29	27	21

2. *Какие из следующих утверждений, на ваш взгляд, лучше всего характеризуют отношение западного человека к труду?*

Варианты ответов	Всего	Возраст			ᵃ Образование		
		до 29 лет	30–49 лет	50 лет и старше	высшее и незаконченное высшее	среднее и средне-специальное	ниже среднего
1. Западный человек работает прежде всего ради денег	58	56	62	55	65	58	55
2. Западный человек работает, не думая об оплате, для него важна интересная работа	4	6	4	2	4	5	3
3. На работе для западного человека важнее всего дружеские отношения в коллективе, возможность общаться с людьми	3	5	3	3	3	4	3
4. Западный человек по-настоящему работает только в критических ситуациях, когда нужно напрячь все силы	1	1	2	1	0.5	2	1
5. Западному человеку важно, чтобы его работа имела высший смысл, служила на благо общества, государства	9	12	8	8	12	10	6

Варианты ответов	Всего	Возраст			Образование		
		до 29 лет	30–49 лет	50 лет и старше	высшее и незакончен-ное высшее	среднее и средне-специальное	ниже среднего
6. Западный человек хорошо работает только на себя, но не на государство, не на «чужого дядю»	29	29	33	25	42	30	23
7. Затрудняюсь ответить	26	24	21	32	15	24	33

10. *Вы — социолог. Проанализируйте результаты опроса россиян.*

11. *Давайте поговорим!*

- Должны ли представительские расходы глав государств оплачиваться отечественными налогоплательщиками? Аргументируйте свой ответ.
- Какого работодателя вы бы предпочли: отечественного или иностранного? Частного или государственного? Объясните свой выбор.
- Как вы думаете, какого работодателя предпочитают россияне: российского или иностранного?
- Что вы думаете о понятии «российский бизнес»?

Итоги

http://mllc.utsa.edu/smi

12. *Работаем в интернете! Найдите свежие новости по теме «Экономика и бизнес: деловые контакты с Россией» в интернете и выберите одну для презентации в классе.*

Экстра: Интервью

Этот материал был опубликован в журнале «Эксперт», №14, 2001 г. Журналист Андрей Шмаров взял интервью у топ-менеджеров ведущих западных корпораций, действующих на российском рынке.

В интервью участвуют:

Ирина Коммо – директор Европейского бизнес-клуба в России

Карл Джоханссон – управляющий партнёр «Ernst & Young»

Мишель Перирэн – председатель правления австрийского банка «Raiffeisebank» в Москве

Стефан Фраппа – генеральный директор химического концерна «Aventis Animal Nutrition» в СНГ

Сынг Сик Чой – старший менеджер по стратегическому планированию штаб-квартиры южнокорейской компании «Samsung Eletronics» по странам СНГ

Андреа Сассо – директор представительства итальянской компании бытовой техники «Merloni Elettrodomestici» в России

«Правда об иностранцах в России»

Пока россияне думают, как бы им улучшить имидж страны в мире, за них эту проблему уже решили иностранные предприниматели. Прямо сейчас они заняты в России крупным, эффективным и цивилизованным бизнесом.

Андрей Шмаров (А.Ш.): *Существует предположение, что в Россию, как правило, приезжают зарубежные менеджеры, которые не смогли сделать карьеру в своей стране. Зачем, собственно говоря, сюда приезжают иностранцы? Бизнес-то маленький здесь. Как вы можете прокомментировать такое мнение?*

Ирина Коммо: Бизнес здесь перспективный для крупных фирм — они не могут не обращать внимания на будущее России.

Нельзя ответить однозначно, почему люди приезжают в Россию. Во-первых, многие из тех, кто приезжает сюда, имеют русские корни или учили русский язык в школе, им, наверное, просто интересно… В некоторых фирмах решают иногда отправлять в Россию молодых, перспективных — это часть их карьеры. Многие, приехав на год-два, уже не хотят уезжать.

Тут есть иностранцы, которые смогли развить целую систему экспорта и даже начать производство. Этим они доказали, что могут ехать куда угодно и из ничего сделать что-то. Люди, которые это сумели здесь, стоят очень дорого.

Если сравнивать зарубежных бизнесменов, которые приезжают в Россию сегодня, с теми, кто «открывал» Россию в девяносто первом году, то, я бы сказала, сейчас это не авантюристы, а люди, знающие, что такое маркетинг и как поставить производство, это специалисты. Да и в России выросло совершенно другое поколение профессионалов, понимающих мировую экономику и говорящих с нами на общем языке.

Мишель Перирэн: Я бы сказал, что командировка в Россию — это скорее новая возможность, чем что-либо ещё. Очень трудно найти человека, который хотел бы поехать в Россию. Это как предложить русскому полететь на Луну. Напротив, обычно ищут человека, чтобы послать сюда. Как правило, такой человек очень успешен во всех областях. Тут нужны особые люди, которые хотят чего-то особенного. Большие компании посылают в Россию лучших. Если вы преуспели в России, вы преуспеете везде.

Стефан Фраппа: Есть западные компании, где существует специальный корпус людей, работающих только за рубежом, в «тяжёлых» странах — это их специальность. Россия сейчас самая хорошо оплачиваемая страна мира после Индии. Но этот корпус быстро сворачивается. Потому что сейчас всё больше молодых менеджеров видят, что их будущее, их карьера идёт через международный опыт.

В России было три типа иностранцев. Сначала были «белые» русские. Когда Советский Союз открывался, практически никто на Западе не говорил по-русски. Никто не хотел приезжать сюда, потому что бизнес был очень маленький для любой западной компании. Сюда хотели только потомки русских эмигрантов. Вторая группа — антрепренёры, авантюристы в хорошем смысле этого слова. Я, например, пришёл сюда в девяностом году и создал свою компанию. И третья группа — те самые люди, которые строили свою карьеру в «тяжёлой» стране.

Кризис девяносто восьмого года всё изменил. «Белые» русские ушли, потому что они ничего не принесли, и здесь их не очень хорошо приняли — они несколько идеализировали Россию и не получили того, что ожидали. Авантюристы не могут быть авантюристами всю жизнь. Те, которые были настоящими, ушли в другие страны — Китай, Вьетнам, Бразилию. Остальные, как я, стали буржуа и работают на большие компании.

А.Ш.: Интересно было бы узнать, а были ли случаи, когда люди приезжали сюда, делали какие-то серьёзные ошибки, разводили руками и уезжали?

Ирина Коммо: Конечно. Они просто не смогли понять, что Россия — это не банановая республика, что тут есть

компетентные специалисты, учёные, инженеры. Некоторые западные менеджеры в это не верили, начинали обманывать своих российских партнёров, думая, что они могут тут сделать лёгкие деньги за счёт идиотов. Или было наоборот. Наткнутся на какого-нибудь Остапа Бендера*, поверят всему и думают, что бесплатный сыр не только в мышеловке, но и в реальности.

А.Ш.: Как бы вы охарактеризовали современных западных менеджеров, которые приезжают в Россию?

Стефан Фраппа: Сегодняшний корпус менеджеров — это новое поколение менеджеров-глобалистов, молодых политкорректных ребят, не расстающихся с интернетом и подчёркнуто не видящих различий между работой в России, во Франции или в Сингапуре. Россия — это ещё далеко не поделённый рынок, это богатые и разнообразные возможности. Тут существенно сильнее факторы неопределённости, большие риски. Здесь надо уметь считать и играть, быть азартным, разумно рисковать, быть гибким.

А.Ш.: Не могли бы вы прокомментировать свою мысль о том, что Россия стала нормальной страной?

Андреа Сассо: В первую очередь я имею в виду страну без монополий, где есть конкуренция и свободный рынок. Потому что Россия после девяносто восьмого года — свободный рынок. Рынок бытовой техники стал таким же, как в Европе — очень конкурентным. Теперь здесь есть Electrolux, Merloni и другие. Должен сказать, что сегодняшняя Россия — это страна с полноценной экономикой. Здесь сформировались рынки, где нет преград для свободного предпринимательства и конкуренции. Это рынки потребительских товаров, производство бытовой техники. Существенно то, что в России всё больше налаживаются корпоративные отношения,

---

* **Остап Бендер** — главный герой сатирических романов И. Ильфа и Е. Петрова «Двенадцать стульев» (1928 г.) и «Золотой телёнок» (1931 г.). Это литературный персонаж известен как ловкий мошенник и аферист (*smart swindler and speculator*).

предусматривающие эффективное взаимодействие менеджмента с собственниками.

Ирина Коммо: В России вовсе не нужно иметь связи с бандитами, укрываться от налогов, подкупать чиновников. Приятно отметить, что здесь нормализуется законодательство, правовая система, формируется инфраструктура бизнеса, налаживается быт. Уже действуют консультанты, юристы, заработали ассоциации, объединения предпринимателей. Активисты нашего Европейского бизнес-клуба в регулярном режиме работают с российскими министрами и вице-премьерами, решая вполне конкретные задачи по улучшению делового климата.

Карл Джоханссон: Русские стали реалистами. После кризиса девяносто восьмого года они начали считать деньги, появился прагматизм. Оставшаяся от советского времени привычка строить грандиозные планы развеялась, они стали более рациональными. С ними стало гораздо проще работать, произошла некоторая психологическая чистка. Азартность осталась в хорошем смысле — как способность рисковать, потому что без этого в России нельзя.

А.Ш.: В общении с западными топ-менеджерами, работающими на российском рынке, часто приходится слышать термин «русский стиль менеджмента». Не могли бы вы объяснить, что значит этот русский стиль?

Сынг Сик Чой: Русский менеджмент очень похож на американский. Это значит, что важен результат, а не процесс. Корейский и традиционный европейский — это в первую очередь процесс. Русская манера ведения дел в большей степени подчинена задаче достижения конечной цели, а не выстраиванию системы, созданию технологии ведения бизнеса.

Карл Джоханссон: У меня масса иностранных коллег, которые говорят: «Нет, мы этого делать не будем, потому что этого никогда не делали». В России от русских менеджеров я не слышал этого ни в одной хорошей компании. Они говорят: «Это замечательно, мы этого никогда не

делали, но обязательно попробуем». Предложение никогда не отвергается.

А.Ш.: Не могли бы вы назвать конкурентные преимущества, которые есть у россиян?

Ирина Коммо: У русских есть такое свойство, как склонность к инновациям. Вас можно бросать куда-то, и вы какое-то решение найдёте, а мы будем сидеть. Возможно, оно окажется ошибочным, но вы не стоите на месте. В этом ваше отличие от европейцев. Ещё вы азартные люди, вы готовы рисковать гораздо в большей степени, чем типичный западный человек — европеец или американец.

Андреа Сассо: Русские бизнесмены интуитивны, они психологи, мастера нащупать у своего контрагента слабое место и давить на него. Не привыкшие к этому иностранцы не всегда даже понимают это и проигрывают. Но вместе с тем русские способны к бескорыстной помощи даже малознакомым партнёрам и контрагентам. Это подкупает иностранцев, создаёт атмосферу доверия.

А.Ш.: Какие недостатки русского менеджмента вы могли бы назвать?

Стефан Фраппа: Вы знаете, русские — они чемпионы по части плохо говорить о себе и о своей стране. Это глупо, да к тому же провоцирует некоторых иностранцев на недобросовестные поступки — желание обвести вокруг пальца неумных людей. Другим пороком русского стиля менеджмента я бы назвал самодержавность. Особенно этот недостаток заметен в крупных компаниях с сильным государственным влиянием или наследием. Руководитель предприятия чрезмерно концентрирует на себе решения, нередко впадает в волюнтаризм. Топ-менеджеры здесь — производственники, а не рыночники и финансисты.

Карл Джоханссон: На мой взгляд, русский менеджмент чрезмерно политизирован, слишком большую роль играют личные связи, неформальные отношения.

Сынг Сик Чой: Серьёзный недостаток русского менеджмента — эгоцентризм и алчность. Русский бизнес сильно ориентирован на сиюминутный успех, на удачу за счёт партнёра. Отсюда недопонимание перспективы, проблемы с корпоративной культурой, конфликты между менеджерами и акционерами.

А.Ш.: Есть ли какие-то элементы стандартного западного менеджмента, от которых нужно отказаться в России? Что вы думаете по этому поводу?

Мишель Перирэн: Люди думают, что могут вести бизнес так же, как в своей стране. Они думают, что их должны уважать, потому что они боссы. Но в России бос должен проявить себя, доказать своё лидерство. Люди должны видеть его работу, чтобы уважать его. И это абсолютно нормально, это так, как должно быть.

Стефан Фраппа: От всех стандартов мышления. Знаете, какая проблема у менеджеров и крупных компаний? Люди боятся рисковать. Люди приезжают сюда, чтобы сделать себе обычную карьеру, или потому, что их карьера уже закончена и они хотят выйти на пенсию с хорошим пособием. А Россия — это страна для молодых. Старых надо отправлять в Англию, во Францию, в страны, где всё идёт медленно, где не надо бояться. Здесь же всё идёт очень быстро.

А.Ш.: Какую инструкцию вы бы дали вновь прибывшему сюда топ-менеджеру? Как действовать в России?

Карл Джоханссон: Прежде всего надо помнить, что Россия — страна динамичная, рынки здесь не поделены, поэтому особенно успешны люди с предпринимательской жилкой, антрепренёры. Здесь нельзя не рисковать, и не следует бояться этого. Иностранный бизнесмен должен проявлять инициативность, преодолевать размеренность и неспешность крупных корпораций в принятии решений, брать на себя ответственность. Иначе не успеешь, тебя опередят.

Стефан Фраппа: Тщательно выбирай партнёров и сотрудников. Любой потенциальный партнёр, сотрудник должен проверяться с использованием всех возможных каналов. На информацию не следует жалеть ни времени, ни денег. Из-за недостатка информации весьма важны реклама и особенно PR.

Сынг Сик Чой: Надо идти в провинцию. Там много проблем — народ проще, логистику наладить трудно, но главные перспективы именно на периферии.

*(По материалам журнала «Эксперт»,
№14 2001 г.)*

---

1. 🗩 *Проанализируйте ответы иностранных бизнесменов и менеджеров крупных западных корпораций, действующих сегодня в России, и сформулируйте основные мысли по следующим вопросам:*

1. Каковы причины, по которым зарубежные бизнесмены начали приезжать в Россию?

2. Каковы отличительные черты нового поколения топ-менеджеров, приезжающих сегодня в Россию?

3. Какие аргументы приводят участники интервью, говоря, что деловая обстановка в России стабилизируется?

4. Что значит «русский стиль менеджмента»?

5. Какие положительные и отрицательные черты есть у российских бизнесменов, менеджеров и сотрудников зарубежных компаний?

6. Какие рекомендации даются иностранному менеджеру, приезжающему в Россию?

2. *Резюме. Передайте основное содержание публикации в виде резюме.*

3. *Вы — PR-менеджер иностранной компании. К вам обратились с просьбой подготовить сообщение-рекомендацию на тему «Что следует знать иностранному менеджеру, приезжающему на работу в Россию». Опираясь на материал интервью и личные впечатления, напишите такое сообщение.*

4. *Давайте поговорим!*

- Что собой представляет современный российский деловой человек? Как он устанавливает контакты со своими партнёрами?
- Сравните российского делового человека с американским бизнесменом. Что общего и в чём разница?

Используйте речевые образцы:

Для выражения собственного мнения:

Я думаю...
Мне кажется...
На мой взгляд...
С моей точки зрения...
По-моему...

Для выражения сравнения:

По сравнению *с кем/чем*
В отличие *от кого/чего*
Сравнивая *кого с кем или что с чем*
Разница *между кем/чем и кем/чем* **заключается в** *... .*

Война и мир:
очаги вооружённых конфликтов

ЧТО МЫ УЗНАЕМ?

- о структуре Вооружённых сил Российской Федерации
- о призыве в Российскую Армию
- о вооружённых конфликтах в России и в мире
- о борьбе с международным терроризмом
- об отношениях россиян к военным операциям

ЧТО МЫ СМОЖЕМ?

- прочитать и понять материалы на военно-политические темы
- участвовать в обсуждении вопросов на военно-политические темы

Vocabulary Development

арестова́ть *to arrest*
бе́женец *refugee*
бой *battle, fight, combat*
    вести́ ~ *to fight*
бо́мба *bomb*
бомбарди́ровать *to bomb*
боро́ться *to fight*
борьба́ *battle, fight*
взрыв *explosion*
взрыва́ть(ся) / взорва́ть(ся) *to explode*
вое́нный *(adj.)* *war(-related)*
вое́нный *(noun)* = **военнослу́жащий** *soldier, person in the armed forces*
война́ *war*
    вести́ ~у *to wage war;* **вступи́ть в ~у** *to start a war;* **объяви́ть ~у** *to declare war*
войска́ *pl.* *troops*
вмеша́тельство *interference*
вооруже́ние *arms, equipment, arming*
враг *enemy*
вражда́ *hostility*
вторга́ться / вторгну́ться *to enter (by force)*
грани́ца *border*
да́нные *pl.* *sources, information*
же́ртва *victim*
заде́рживать / задержа́ть *to detain*
зало́жник *hostage*
захва́тывать / захвати́ть *to capture, to take (by force)*
ми́на *mine (explosive)*
мир (не война́) *peace*
    заключи́ть ~ *to make peace*
ми́рный *peace (adj.), peaceful*
    ~ые жи́тели *civilians*
мир (о́бщество) *world*
мирово́й *world (adj.)*
наблюда́тель *m.* *observer*
нападе́ние *attack*
    отрази́ть ~ *to defend an attack;* **соверши́ть ~ на страну́** *to attack a country*
напряжённость *f.* *tension*
наруше́ние *violation*
оборо́на *defense*
ого́нь *fire*
ору́жие *weapon*
о́чаг *center, seat; hot spot*
плен *captivity*
пле́нный (= военнопле́нный) *(noun)* *captive, prisoner*
погиба́ть / поги́бнуть *to die, to perish (as a result of war, accident, etc.)*

поте́ри *pl. losses, casualties*
похище́ние *abduction, kidnapping*
преступле́ние *crime*
      соверши́ть ~ *to commit a crime*
простра́нство *space, territory*
проти́вник *opponent, enemy*
разоруже́ние *disarmament*
ране́ние *wound, injury*
      получи́ть ~я *to be wounded*
ра́неный *(noun) wounded, injured*
свобо́да *freedom*
си́ла *power, force*
си́лы *pl. forces*
солда́т *soldier*
сторо́нник *supporter*
страда́ть *to be injured*
стреля́ть *to shoot*
тера́кт = террористи́ческий акт
уби́ть *to kill*
угрожа́ть *кому? чем? to threaten*
угро́за *threat*
      ста́вить под ~у *to threaten*
уда́р *strike (noun)*
      нанести́ ~ по проти́внику *to strike an enemy*
ущерб *damage*
      нанести́ ~ *to damage*

 Roots

БЕГ-, БЕЖ- *run*	**бое́ц** *fighter*
бе́гать, бежа́ть *to run*	**боеви́к** *war-related story or film*
бе́женец *refugee*	
перебе́жчик *deserter, traitor*	**БОР-** *fight, struggle*
бомбоубе́жище *bomb shelter*	**боро́ться** *to fight*
	борьба́ *battle*
БИ(Й)- *beat, strike*	
бить *to hit*	**ВЗРЫВ-, ВЗОРВ-** *explode*
уби́ть *to kill*	**(from ВЗ(О)-** *up* + **РВ** *break, tear)*
уби́йство *murder*	**взрыва́ть / взорва́ть** *to blow up, detonate*
	взрыва́ться / взорва́ться *to explode*
БО(Й)- *combat*	**взрыв** *explosion*
бой *battle*	**взрывно́е устро́йство** *explosive, bomb*
боево́й *fighting, battle (adj.)*	**взрывча́тка** *explosive*
	взрывча́тое вещество́ *explosive material*

ВОЙ-, ВОЕ- *war, military*

вое**ва́**ть *to wage war, to be at war*
вой**на́** *war*
вое́нный *military, war-related*
военноплённый *captive*
воееннослу́жащий *soldier, person in the
    military service*
во́йско *troop*

ВРАГ-, ВРАЖ- *enemy*

враждова́ть *to be enemies*
враг *enemy*
вражда́ *hostility*
враждéбный *hostile*
вра́жеский *enemy (adj.)*

ГИБ- *peril, destruction, death*

погиба́ть / поги́бнуть *to die, to perish*
поги́бший *dead (person)*
ги́бель *death, destruction*

ДАР- *hit*

ударя́ть / уда́рить *to hit, strike*
уда́р *blow, stroke*
уда́рный *strike, attack (adj.)*

МЕХ-, МЕШ- *stir, disturb, interfere*

меша́ть *to stir, disturb*
вме́шиваться / вмеша́ться *to interfere*
вмеша́тельство *interference*

МИР- *peace, world*

мир *peace, world*
ми́рный *peaceful*
мирово́й *world (adj.)*
миротво́рец *peacekeeper*
переми́рие *armistice, truce*

ОРУ́Д-, ОРУ́Ж-, *arm, weapon, equipment*

ору́дие *instrument, tool, gun*
ору́жие *arm(s), weapons*

вооружа́ть / вооружи́ть *to arm, to equip*
вооруже́ние *arms, arming, equipment*
вооружённый *armed*
разоружа́ть / разоружи́ть *to disarm*
разоруже́ние *disarmament*

ПАД- *fall*

па́дать / упа́сть *to fall*
напада́ть / напа́сть *to attack*
нападе́ние *attack*

РАН- *wound*

ра́на *wound*
ра́нить *to wound*
ране́ние *wounding, injury*
ра́неный *wounded, injured*

РУХ-, РУШ- *destroy, break, violate*

наруша́ть / наруши́ть *to violate*
наруше́ние *violation*
разруша́ть / разруши́ть *to destroy*
разруше́ние *destruction*

СВОБ-ОД- *free*

свобо́да *freedom*
свобо́дный *free*
освобожда́ть / освободи́ть *to free, liberate*
освободи́тельный *freedom, liberation (adj.)*
освобожде́ние *liberation, release*

СИЛ- *strength, force, power*

си́ла *power, strength*
си́льный *strong, powerful*
наси́лие *force, violence*
уси́ливать / уси́лить *to strengthen*

СТРАД- *suffer*

страда́ть / пострада́ть *to suffer*
пострада́вший *victim*

СТРЕЛ- *shot, arrow*

стрела́ *arrow*
вы́стрелить *to shoot, fire*
вы́стрел *shot*
застрели́ть *to shoot (dead)*
обстреля́ть *to fire at/on, bombard*
перестре́лка *exchange of fire, shootout*

ХВАТ-, ХИТ- *seize, grab*

хвата́ть *to grab, to seize*
захвати́ть *to seize, capture*

захва́т *capture*
перехвати́ть *to intercept*
перехва́т *interception*
перехва́тчик *interceptor*
похища́ть / похи́тить *to kidnap, to abduct*
похище́ние *kidnapping, abduction*

ЩИТ- *shield, defend*

щит *shield*
защища́ть / защити́ть *to defend, protect*
защи́та *defense, protection*
защи́тный *protective*

---

1. *Check your comprehension of the following phrases.*

- лагерь **беженцев**, репатриация беженцев
- воздушные **бои**, морские бои, оборонительные бои
- национально-освободительная **борьба**, борьба за власть, борьба за существование
- **военные** преступления, военная служба
- биологическая **война**, гражданская война, война за независимость
- федеральные **войска**, миротворческие войска ООН
- вооружённое **вмешательство**, вмешательство в дела другого государства
- стратегические **вооружения**, ядерные вооружения, гонка вооружений
- национальная (этническая) **вражда**, религиозная вражда
- **вторгнуться** в воздушное пространство
- государственная **граница**
- проверенные **данные**, данные о погибших, данные о пропавших без вести[1]
- человеческие **жертвы**, жертвы среди мирного населения
- **задержать заложник**ов, освободить заложников
- **захватить** власть, захватить **пленных**
- **мина** замедленного действия, заминировать дороги, заминированный грузовик
- **мирное** время, мирные граждане, мирный договор, мирное население
- **мировая** война, мировое сообщество
- военный **наблюдатель,** наблюдатель ООН
- вооружённое **нападение**
- очаг **напряжённости**, эскалация напряжённости
- **нарушение** границы, нарушение соглашения, нарушение воздушного пространства
- национальная **оборона**, линия обороны, министерство обороны
- договор о прекращении **огня**

---

[1] ***пропавших без вести****: missing persons*

- атомное (= ядерное) **оружие**, оружие массового поражения / уничтожения, химическое оружие
- **очаг** войны, очаг конфликтов, очаг напряжённости
- попасть в **плен**, освободить из плена
- боевые **потери,** потери в живой силе и технике
- военное **преступление**
- водное **пространство**, воздушное пространство, космическое пространство
- армия **противника**
- полное **разоружение**, частичное разоружение армии противника
- вооружённые **силы,** военно-воздушные **силы, мир**отворческие **силы**
- **сторонник** мира, сторонник разоружения
- информация о по**страда**вших
- **угроза** войны, угроза безопасности
- ракетный **удар**, ядерный удар, точечные удары
- материальный **ущерб**, моральный ущерб, компенсация ущерба

2. **A.** *Form nouns from the following verbs, according to the model.*

▸ *to fulfill*	выпол**нять**	*выпол***нение**
to violate, to break	наруш**ать**	
to end, to stop	прекращ**ать**	
to attack	напад**ать**	
to free	освобожд**ать**	
to observe	наблюд**ать**	
to abduct, to kidnap	похищ**ать**	

Note the following:

to interfere	вмешаться	**вмешательство**
to attack	вторгаться	**вторжение**
to enter, to invade	наступать	**наступление**
to seize, to capture	захватить	**захват**
to defend, to shield	защищать	**защита**

B. *Change the verbal phrases into noun phrases, using the vocabulary from the tables. Check your comprehension of the resulting forms.*

▸ выполнять приказ   ***выполнение приказа***

1. нападать на противника
2. нарушать условия мирного договора
3. освобождать пленных
4. вмешаться в дела другого государства

5. вторгаться в воздушное пространство
6. захватить заложников
7. похищать мирных жителей
8. прекращать бомбардировки
9. защищать территориальную целостность

3. A. *Learn the following derivates of the word* **бомба.**

	бомбовый	*bomb(-related)*
	бомбить *кого/что*	*to bomb*
	бомбардировка	*bombing*
бомба	бомбёжка *(разг.)*	*bombing*
	бомбардировщик	*bomber (plane)*
	бомбоубежище	*bomb shelter*

B. *Rephrase the following sentences, replacing the underlined parts with vocabulary from A. Make other adjustments as necessary.*

1. Авиация союзников <u>наносила бомбовые удары</u> по лагерям террористов.
2. В новой серии <u>бомбовых атак</u> участвовала стратегическая авиация.
3. Что касается воскресных <u>бомбовых атак с воздуха</u>, то, как сообщили американские и британские власти, все ракетные удары по террористическим лагерям достигли цели.
4. Боясь бомбардировок, местные жители прятались в <u>специальных укрытиях</u>.

4. *Read the following sentences and pay attention to the verb* **вести,** *used with different prefixes. Translate the sentences into English.*

1. **Вывод** иностранных военнослужащих **из** Боснии состоится до 20 января.
2. Конфликтующие стороны приняли окончательное решение **развести** войска.
3. Администрация США отдала приказ **ввести** войска **на** Гаити, в задачу которых входит содействие восстановлению демократии в этом Карибском государстве.
4. В связи с подписанным ранее договором Россия **вывела** в сентябре 1994 года свои войска **из** Германии.
5. Правительство Кувейта выразило сомнение по поводу намерений Ирака **отвести** свои войска **от** границы с эмиратом.

5. *Find the synonyms.*

1. «горячая точка»   _____ ликвидировать
2. нападать   _____ конфликтующие стороны
3. уничтожать   _____ атаковать
4. захват   _____ военнопленный
5. открыть огонь   __1__ очаг конфликта
6. ущерб   _____ военачальники
7. враждующие стороны   _____ стрелять
8. командование   _____ оккупация
9. заложник   _____ потери

6. *Find the opposites.*

1. война   _____ дружественная армия
2. вооружение   _____ плен
3. наносить удары   _____ оборона
4. наступление   _____ сторонник
5. свобода   __1__ мир
6. противник   _____ разоружение
7. вражеская армия   _____ отражать удары

Abbreviations

Генштаб	Генеральный штаб Вооружённых сил
Спецназ	Войска специального назначения
Спецслужбы	Специальные службы
АГС	Альтернативная гражданская служба
ВВС	Военно-воздушные силы
ВДВ	Воздушно-десантные войска России
ВМС	Военно-морские силы (США)
ВМФ	Военно-Морской Флот России
ВС	Вооружённые силы
МВД	Министерство внутренних дел
МО	Министерство обороны
МЧС	Министерство по делам гражданской обороны, чрезвычайным ситуациям и ликвидации последствий стихийных бедствий
ОМОН	Отдел милиции особого назначения
ПВО	Противовоздушная оборона

ПРО	Противоракетная оборона
PA	Российская армия
СВР	Служба внешней разведки
ФБР	Федеральное бюро расследований США
ФСБ	Федеральная служба безопасности
ЦРУ	Центральное разведывательное управление США

7. *Read and translate the following headlines. Decipher the abbreviations.*

- **Россия и США опять поспорили.** О <u>ПРО</u>, Чечне и свободе слова
- **Между Кремлём и <u>Генштабом</u>.** Новый глава <u>МО</u> пытается найти политический баланс.
- **Россия хочет возвратить кубинскую базу в Лурдесе.** <u>СВР</u> выступила против необдуманного подарка американцам.
- **Небо Содружества.** Не все постсоветские государства заинтересованы в укреплении объединённой системы <u>ПВО</u> СНГ.
- **<u>ЦРУ</u> и Пентагон сделали сенсационный вывод.** Погибший боевик мог быть бен Ладеном.
- **<u>ФБР</u> знает, где родился создатель Микки-Мауса**
- **Американский <u>спецназ</u> высадился в Афганистане**
- **<u>Спецслужбы</u> США проведут операцию в Грузии**
- **Теракт в Грозном.** Среди раненых — пять сотрудников краснодарского <u>ОМОН</u>а

Class Activities

Армия и служба

The Russian word **армия** usually refers to the entire armed forces of a country, but it is also used in the more specific meaning, referring only to land troops.

армия = 1) вооружённые силы государства
        2) сухопутные войска (в отличие от морских и военно-воздушных сил)

действующая (= регулярная) армия	российская армия
наёмная армия	союзная армия (= армия союзников)
профессиональная армия	служить в армии

The word **служба** refers to the service performed in the armed forces.

гражданская (= альтернативная) служба	призывать на службу
военная (= действительная) служба	проходить службу
служба по контракту	уклоняться от службы в армии

Эмблема Вооружённых сил
Российской Федерации
(http://www.mil.ru)

Вооружённые силы России	Вооружённые силы США
Сухопутные войска Военно-Морской Флот Военно-воздушные силы	Пехота Военно-морские силы Военно-воздушные силы Морская пехота

http://mllc.utsa.edu/smi

1. Работаем в интернете! *Find out more about the task of each of the units from the* **Министерство Обороны** *Web site and report the results to the class.*

2. 🗨 *Давайте поговорим!*

А. *Ответьте на вопросы.*

- Является ли служба в армии обязательной или добровольной для граждан вашей страны?

- Считаете ли вы, что служба в армии должна быть обязательной для граждан вашей страны? Аргументируйте свой ответ.

- Какие есть формы службы в армии вашей страны?

- Какую форму службы предпочитает проходить большинство призывников: военную или гражданскую? Аргументируйте свой ответ.

В. *Познакомьтесь с материалами о призыве и прохождении службы в Российской армии и обменяйтесь мнениями с членами группы.*

О призыве в РА

По конституции РФ каждый здоровый человек мужского пола, в возрасте от 18 до 27 лет призывается на военную службу в ряды Российской армии. Срок службы в ВВС и сухопутных войсках 2 года, в ВМФ — 3 года. Но с 1 января 2004 года призывники имеют право проходить альтернативную гражданскую службу.

Об альтернативной службе

Государственная дума приняла закон «Об альтернативной гражданской службе».

Закон об «Альтернативной службе» вступил в силу с 1 января 2004 года. Выдержки из закона:

- Право на альтернативное прохождение гражданской службы имеют лица призывного возраста, если их вероисповедание либо личные убеждения не позволяет им брать в руки оружие.

- Если призывник имеет законное право на ношение огнестрельного оружия, имеет охотничий билет, проходил обучение в военных организациях, то он не имеет право на прохождение альтернативной службы.

- Каждый призывник, претендующий на прохождение альтернативной службы должен предоставить военкоматам весомые доказательства своего права замены военной службы на гражданскую.

- Альтернативная служба проходит в местах социального значения (в военных гарнизонах и частях на гражданских должностях, в больницах и пансионатах и т.п.), и не должна проходить в том же городе (селе, деревне и т.п.) где проживает (прописан) призывник.

- Главный военный комиссар имеет право отказать призывнику в прохождении альтернативной службы.

- Сроки прохождения альтернативной гражданской службы: 2 года для лиц с высшим образованием, 4 для остальных лиц.

По материалам http://www.mil.ru

Военная техника

автомат   *submachine gun* (e.g., АК-47)

пулемёт   *machine gun*

истребитель   *fighter jet*

бомбардировщик   *bomber*

вертолёт   *helicopter*

Источник информации

Here are some of the most common phrases used in quoting the source of information.

согласно *чему?*   *according to*

по сообщению *кого/чего?*   *according to the announcement*

по заявлению *кого/чего?*   *according to the announcement*

по данным *кого/чего?*   *according to the facts*

по имеющим данным   *according to the present facts*

по предварительным данным   *according to preliminary information*

по неподтверждённым данным   *according to unverified information*

по сведениям *кого/чего?*   *according to the information*

по поступившей информации *от кого, из чего?* *according to the recent information*
по материалам *чего?* *according to the materials*
по словам *кого?* *according to the words*
по оценкам *кого?* *according to the evaluation*
ссылаться / сослаться *на кого/что?* *to refer to*
со ссылкой *на кого/что?* *referring to*

3. *Очаги вооружённых конфликтов.*

A. *Read the following headlines and match them with the corresponding news briefs below.*

1. Без мира на Ближнем Востоке террор не уничтожить
2. В Ираке убиты шестеро британских солдат
3. В Саудовской Аравии арестованы пять террористов
4. Израильская разведка: ХАМАС согласился прекратить теракты
5. Великобритания прислала в Ирак дополнительные войска
6. Западно-африканские миротворцы вошли в Монровию
7. Россия и Франция создают группу по борьбе с терроризмом

B. *Read the news briefs and answer the questions in English. Underline the supporting facts in the text.*

1. _____

Шестеро британских солдат были убиты в результате нападения иракских партизан рядом с городом Амара примерно в 200 километрах на север от Басры. Британское командование пока не сообщает никаких подробностей, пишет сайт телекомпании BBC News.

Незадолго до этого в том же районе Ирака было совершено нападение на британский армейский патруль. Как рас-сказали в Министерстве обороны Великобритании, в результате перестрелки получили ранения восемь солдат, в том числе семеро бойцов сил быстрого реагирования, которые были на вертолёте направлены на помощь патрульным. Когда вертолёт приземлился, иракцы открыли по нему огонь из пулемёта.

Lenta.ru 25.06.2003

- Who attacked whom?
- Where did the attack take place?
- What were the results of the incident?
- A similar incident took place shortly before this. What happened and what were the results?

2.

Экстремистская группировка ХАМАС дала принципиальное согласие отказаться от терактов в Израиле и на палестинских территориях на трёхмесячный срок. Об этом сообщил высокопоставленный представитель израильской разведки на встрече с членами комитета Кнессета по международным делам и обороне, пишет газета Ha'aretz.

В то же время разведчик признал, что официально решение о перемирии пока не принято — переговоры между террори-стами и руководством Палестинской автономии продолжаются.

Между тем министр иностранных дел Египета Ахмед Махер (Ahmed Maher) заявил, что ХАМАС может объявить о прекращении терактов уже в ближайшие дни. Однако Махер предупредил, что террористы будут соблюдать перемирие только в том случае, если израильтяне откажутся от «провокационной политики» проведения операций по уничтожению боевиков.

Lenta.ru 24.06.2003

- What did they promise in principle?
- What is the status of the official decision?
- How soon could the announcement take place?
- What are the conditions?

3.

В Ирак в воскресенье прибыла группа из 120 британских военнослужащих, сообщает Reuters.

Военнослужащие 2-го батальона легкой пехоты были доставлены в Ирак с Кипра, где они проходили службу. Предполагается, что они будут задействованы на охране нефтепроводов в южной части Ирака, которая находится под контролем британских военных, в частности, в Басре.

В ближайшее время, правительство Великобритании намеревается дополнительно направить в Ирак 3 тысячи военнослужащих.

Планируется, что официально о решении направить в Ирак дополнительные силы объявит в понедельник министр обороны Соединённого Королевства Джефф Хун (Geoff Hoon) в ходе своего выступления в палате общин британского парламента, сообщает BBC News.

Напомним, что в настоящий момент в Ираке находятся 11 тысяч британских военных и 130 тысяч — американских.

Кроме того, в Ираке размещены 9 тысяч военнослужащих других государств. США обратились с призывом к другим странам дополнительно направить в Ирак 15 тысяч военнослужащих.

Strana.ru 07.09.2003

- What kind of troops arrived in Iraq on Sunday?
- What is their task?
- Who is Geoff Hoon?
- What is he going to do?
- What is the current total of foreign troops in Iraq?
- What kind of appeal did the U.S. make?

4. _____

В Саудовской Аравии арестованы пять человек, подозреваемых в причастности к организации терактов, произошедших в столице страны 12 мая 2003 года, передаёт Reuters.

Четверо из них были арестованы в ходе недавних полицейских операций. «Они входили в группу, которая подготовила теракты, — сообщил журналистам министр внутренних дел Саудовской Аравии принц Наеф. — Но их роль еще не вполне ясна».

Пятый был задержан ранее и, по сведениям принца Наефа, мог играть важную роль в подготовке и осуществлении терактов. Наеф не назвал имён арестованных и не указал, гражданами какой страны они являются.

«У нас нет никаких сомнений, что эти теракты являются результатом действий Аль-Каеды,» — вновь подчеркнул он.

Напомним, что в результате серии взрывов, произошедших в Эр-Рияде, погибли 35 человек. По подозрению в причастности к этим терактам задержаны уже 30 человек.

Lenta.ru   14.06.2003

- What country is the report from?
- Who was arrested and why?
- What information did the Minister of Internal Affairs give to the press?
- What exactly happened on May 12?

5. _____

Москва и Париж создают российско-французскую группу по борьбе с терроризмом. Об этом заявил глава МИД РФ Игорь Иванов на пресс-конференции по окончании второго заседания Совета сотрудничества по вопросам безопасности. «Недавние трагические события в Москве, серия терактов, прокатившихся по другим странам, свидетельствуют о необходимости взаимодействия в антитеррористической сфере», — сказал Иванов. Именно в этих целях и создаётся данная группа. Иванов добавил, что группа начинает работу осенью этого года. Он также заявил, что в состав рабочей группы войдут представители министерства иностранных дел, Минобороны, а также специалисты заинтересованных ведомств. «Задача группы — не только бороться с частными проявлениями терроризма, но и со всеми вопросами, связанными с ним», — указал Иванов.

РИА «Новости»   20.07.2003

- Who is Igor Ivanov?
- What announcement did he make? Where?
- What prompted the creation of the task force?
- What is their task?

6. _____

Выступая накануне перед членами американского Конгресса, премьер-министр Великобритании Тони Блэр сделал ряд замечаний по поводу борьбы с международным терроризмом. В этой связи он особо подчеркнул, что без мира между Израилем и палестинцами победить террор нельзя.

«Есть одна причина, которая подогревает терроризм. Причина, в которую никто не верит, но которой усиленно манипулируют, — сказал Блэр. — Я хочу быть предельно ясным: терроризм не будет побеждён без установления мира на Ближнем Востоке между Израилем и Палестиной».

MIGnews.com 20.07.2003

- According to the British Prime Minister, what is the only way to win the war against terrorism?

7. _____

Западно-африканские миротворческие силы в четверг вошли в осаждённую повстанцами* столицу Либерии Монровию, сообщает Associated Press.

Пока в городе находятся только около ста нигерийских военнослужащих. Всего, по данным сайта телекомпании CNN, Нигерия отправит в соседнюю страну 1500 своих солдат и офицеров, а в целом, миро-

творческий контингент западно-африканских государств будет иметь численность 3250 человек.

Между тем, Нигерия заявляет, что её миссия нуждается в международной помощи, так как содержание контингента будет стоить приблизительно два миллиона долларов в день.

Lenta.ru 08.08.03

* *повстанец: rebel*

- What is Monrovia?
- Who entered Monrovia? Why?
- Which country seems to volunteer the largest number of troops?
- Why is additional international help needed?

C. *Circle all the phrases in 1–7 that refer to the source of the information.*

D. *Using your underlined and circled text as a guide, prepare a short oral summary of each news brief.*

4. *Угроза войны.*

A. *Read the title and the first paragraph of the article below and answer the following questions.*

1. Чего боится Россия?
2. В чём обвиняют Северную Корею?

МОСКВА ГОТОВИТСЯ К ВОЙНЕ НА ДАЛЬНЕМ ВОСТОКЕ

Если американцы нападут на Северную Корею летом, Россия окажется в зоне радиоактивного заражения

Россия официально признала, что готовится к военному решению северо-корейской ядерной проблемы. Соединённые Штаты, как известно, утверждают, что КНДР* разрабатывает ядерное оружие и уже может иметь один-два заряда. Пхеньян, как известно, отвергает эти обвинения.

Вчера стало известно, что на российском Дальнем Востоке — в зоне, прилегающей к Северной Корее — начата проверка возможности гражданской обороны в связи с «ухудшающейся ситуацией» на Корейском полуострове. Об этом сообщил заместитель министра иностранных дел РФ Александр Лосюков, курирующий отношения со странами Азии. (Лосюков только что нанёс визиты в Токио и Сеул.)

В данный момент готовятся совместные учения МО, МВД, МЧС, Тихоокеанского и Северо-Восточного региональных пограничных управлений ФСБ России. Они состоятся с 18 по 28 августа. Официальная цель этих учений — отработка планов борьбы с терроризмом на территории Дальневосточного федерального округа.† Детали не разглашаются, но, как можно понять из высказываний некоторых должностных лиц, если в учения вовлекается целый регион, то задачи стоят шире.

В условиях конфликта на Корейском полуострове, безусловно, потребуется не только ликвидировать последствия возможного ядерного катаклизма, но и обеспечить приём беженцев. Население КНДР составляет почти 23 млн. человек, тогда как коренное население всего Дальнего Востока около 8 млн. Здесь также живут большие по численности китайская и корейская общины.

Юлия Петровская, Андрей Ваганов, Олег Круглов,
«Независимая газета», 20.07.2003

***КНДР** = Корейская Народная Демократическая Республика (North Korea)*

*† В состав **Дальневосточного федерального округа** входят: Республика Саха (Якутия), Приморский и Хабаровский края, Амурская, Камчатская, Магаданская и Сахалинская области, Еврейская автономная область, Корякский и Чукотский автономные округа. Центр федерального округа — г. Хабаровск.*

B. *Underline the key information and the supporting facts in the text. Use the grid below as a guide. Decipher all of the abbreviations.*

- Main statement of the article
    reason
- Measures under consideration
    details of measures
    participants
    goal
- First task
- Second task

C. *In Russian, write a short summary of the report.*

5. *Конфликты на Ближнем Востоке.*

A. *Skim through the first paragraph of the article below and find answers to the following questions.*

- Как называется столица Ливана (Lebanon)?
- Что такое «Хезболлах»?
- Где находится их штаб?

Израиль впервые за 14 лет обстрелял пригороды Бейрута

Впервые с 1982 года Израиль подверг ракетному удару пригороды ливанской столицы. Вчера израильские вертолёты атаковали южную часть Бейрута, где располагается штаб проиранской группировки «Хезболлах». За несколько часов до этого израильская авиация бомбила базы исламских боевиков в Южном Ливане. По предварительным данным, в результате обстрела погибли 60-ти-летний старик и ливанский солдат, несколько человек получили ранение. При этом, по словам представителей «Хезболлах», ни один из членов группировки не пострадал. Опасаясь новых налётов, ливанские власти закрыли Бейрутский международный аэропорт.

Как заявили представители военного командования Израиля, «израильские войска не ведут войну с ливанской армией, а лишь ответили на огонь, который вёлся с её позиций».

«Мы советуем ливанской армии в дальнейшем не вмешиваться в события, тогда она не будет нести потери», — отметило израильское военное командование.

По сообщениям агентств, действия ВВС Израиля явились «акцией возмездия» за нападение исламистов на израильский пост в «зоне безопасности». В среду вечером там был убит один и ранены трое израильских военно-служащих.

По заявлению главы МИД Израиля Эхуда Барака, пока граждане Израиля подвергаются обстрелам со стороны проиранских боевиков, «ни один из районов Ливана не будет застрахован от израильских ударов».

Вчера же израильские власти приняли решение эвакуировать детей из приграничных с Ливаном населенных пунктов, опасаясь эскалации напряжённости на границе.

Владимир Беляев, «Известия»

B. *Underline the key information and the supporting facts in the text. Use the grid below as a guide.*

> - Incident 1
> - Incident 2
> - Casualties
>   civilians, military
> - Reasons
>   according to military commanders
>   according to the press
>   casualties according to the press
> - Warnings by officials
> - Safety measures

C. *Circle all the phrases that refer to the source of the information.*

D. *In Russian, write a short summary of the report. Include the source(s) of the information.*

6. *Война и мир: мнения россиян.*

A. *Познакомьтесь с результатами опроса россиян, которые были опубликованы в ежегоднике «Общественное мнение — 2001 г.» (Москва, ВЦИОМ, 2001 г.) (Все ответы даны в %).*

- Прокомментируйте ответы россиян на вопросы, представляющие для вас интерес.
- Какие ответы вас удивили?
- Как бы вы их объяснили?

1. Какие чувства у Вас вызывают сообщения о действиях российских войск в Чечне?

Варианты ответов	1999	2000	2001
	Ноябрь	Июль	Июль
Восхищение	3	2	2
Удовлетворение	21	15	10
Тревога	52	55	63
Стыд	9	7	12
Никаких особых чувств	8	7	12
Затрудняюсь ответить	4	6	7

2. Как бороться с терроризмом на Северном Кавказе?

а) Какое из данных суждений больше всего соответствует вашему мнению о том, что должно быть сделано сейчас в отношении Чечни?

Российские военные должны продолжать боевые действия в Чечне до тех пор, пока они полностью не уничтожат чеченских боевиков.	47
В случае, если российские войска будут продолжать нести существенные потери, они должны быть выведены из Чечни.	13
Боевые действия российских войск в Чечне должны быть прекращены.	11
Нужно начать мирные переговоры.	22
Затрудняюсь ответить.	7

б) Применение каких мер административного воздействия вам кажется наиболее правильными?

Депортация всех чеченцев из России в Чечню	35
Создание полноценной границы между Россией и Чечнёй	44
Создание вооружённых отрядов самообороны в приграничных с Чечнёй населённых пунктах	21
Разрешение всем жителям регионов России, граничащих с Чечнёй, права носить личное оружие	8
Введение временных ограничений на передвижение жителей республик Северного Кавказа по территории России	38
Категорически против применения любых подобных административных мер	4
Затрудняюсь ответить	14

3. Как, на ваш взгляд, относятся сейчас к России на Западе?

Как к союзнику в борьбе с международным терроризмом	70
Как к стране, которая помогает международным террористам	8
Затрудняюсь ответить	22

4. Как Вы относитесь к военным операциям США в Афганистане?

	Москва	Россия
С одобрением	32	11
С пониманием	29	23
С осуждением	26	48
Без особых эмоций	6	9
Затрудняюсь ответить	7	9

5. Какую позицию должна, на Ваш взгляд, занять Россия в конфликте между США и странами НАТО, с одной стороны, и их противниками в мусульманском мире (Афганистаном, Ираком, Ираном и др.), с другой стороны?

Принять участие в военных операциях на стороне стран НАТО	9
Оказать моральную поддержку США и НАТО и порвать отношения с их противниками в мусульманском мире	20
Оказать моральную поддержку Ираку, Ирану и другим мусульманским странам и не допустить развязывания войны против них	5
Придерживаться строгого нейтралитета и не порывать отношений ни одной из сторон	54
Затрудняюсь ответить	12

В. Вы — социолог, изучающий общественное мнение россиян. Какие ещё вопросы по этой теме вы бы задали гражданам России?

7. 💬 **Давайте поговорим!** Обменяйтесь мнениями по следующим вопросам.

- Как, по-вашему, сегодня относятся к США в Западной Европе? В России? В мусульманских странах? Аргументируйте свой ответ.
- Как, на ваш взгляд, нужно бороться с терроризмом?

Итоги

🖥 http://mllc.utsa.edu/smi

8. 🗨 *Работаем в интернете!* *Найдите свежие информационные заметки на теме «Война и мир» и выберите одну для презентанции в классе.*

Экстра: Борьба с терроризмом

1. *Америка наносит ответный удар.*
A. *Прочитайте статью.*

Америка наносит ответный удар

Вчера в 20.30 по московскому времени США нанесли удары крылатыми ракетами по военным объектам в Афганистане. Операция возмездия, которую мир ждал с 11 сентября, началась. За первый час было выпущено 1000 ракет.

«Ударами по базам террористов мы защищаем свободу. Режим талибов не внял нашим требованиям и теперь заплатит за это», — заявил президент США Джордж Буш-младший, обращаясь к нации через 20 минут после начала операции.

Операция вооружённых сил США и Великобритании началась с ударов крылатыми ракетами «Томогавк» по Кабулу, Кандагару и Джелалабаду. Главная цель её первой фазы — уничтожить ПВО талибов (чтобы в дальнейшем облегчить действия военной авиации союзников), а также системы электроснабжения и связи.

Военные эксперты предсказывали, что первые удары по талибам будут нанесены после наступления темноты: в этом случае США, использующие крылатые ракеты и современные бомбардировщики, имеют явное преимущество перед талибами. Определённую роль в выборе времени начала операции сыграл и политический фактор: американской администрации было важно сообщить нации об операции через несколько минут после первых ударов. Если бы удары были нанесены, когда в США была ночь, американцы узнали бы о них только спустя несколько часов.

О том, что операция вот-вот начнётся, стало ясно уже вчера днём. Глава МИД в правительстве антиталибской коалиции Абдулла Абдулла заявил вчера журналистам: «Удары США и союзников будут нанесены скоро, очень скоро». Потом источники в антиталибской коалиции уточнили: удары возмездия США нанесут в полночь по местному времени.

Накануне президент Джордж Буш провёл совещание совета национальной безопасности, где были согласованы последние детали предстоящей операции. По сообщению газеты Wall Street Journal, основной упор будет сделан на проведении систематических бомбардировок важнейших объектов инфраструктуры афганского движения «Талибан». Цель — не уничтожение «террориста №1» Осамы бен Ладена, а ликвидация террористической организации Аль-Каеда. Кроме её баз и тренировочных лагерей американцы постараются уничтожить военные объекты, аэродром и штабы движения «Талибан». Представители США заверяют, что удары будут точечными — чтобы избежать жертв среди мирного населения. После ракетных ударов Кабул будет захвачен войсками Северного альянса* —

при поддержке отрядов спецназа США и Великобритании.

Талибы ответили на военную операцию США объявлением джихада и выдвижением войск к афгано-узбекской границе.

Геннадий Сысоев, Андрей Иванов «Коммерсант» (октябрь 2001г.

* **Северный альянс:** *Northern Alliance (opposition group to the Taliban)*

В. *Ответьте на вопросы.*

1. Что такое «операция возмездия»?
2. С чего началась операция?
3. Какая была главная цель первых атаков?
4. Почему первые атаки прозошли ночью?
5. По сообщению газеты «Wall Street Journal», какие объекты американцы постараются уничтожить?
6. Как отреагировали талибы на военную операцию США и Великобритании?

2. *Российская реакция на войну.*

А. *Прочитайте статью.*

Россия не хочет стать для талибов «сатаной номер 2»

Террористы считали, что «современная цивилизация стала доброй, неповоротливой и утратила способность к сопротивлению». Но они просчитались: «такой колоссальный ущерб не мог не вызвать соответствующую реакцию». После 11 сентября «человечество повзрослело». Эти слова произнёс вчера Владимир Путин. И это — реакция России на войну, начатую в ночь с воскресенья на понедельник Соединенными Штатами и их союзниками. Россия — союзник.

Путин обозначил параметры участия России в операции: масштабная гуманитарная помощь Афганистану совместно с европейскими и американскими партнёрами. Посол США в РФ Александр Вершбоу вчера заявил, что Россия «имеет жизненно важное значение для успеха коалиции», и «правительство США выражает признательность за разностороннюю поддержку в войне против терроризма».

Но вступать в войну обеими ногами Россия пока не хочет. В Минобороны РФ повторяют, что Северному альянсу поставляются лишь вооружение и техника. Высокопоставленные сотрудники военного ведомства исключили возможность участия в операции самолётов и вертолётов с российскими экипажами на борту.

Российские политики действия Москвы одобряют, считая, что она выбрала правильную позицию поведения: содействовать, но не втягиваться, помогать коалиции в объёме, который не нанесёт ущерба России и не втянет её в новую войну с Афганистаном. Как заметил один из политологов, «сейчас в коалиции лидер определён надолго — это США, но вопрос в том, кто станет "сатаной номер 2". Очень бы не хотелось, чтобы этим "номером 2" стала Россия, хотя пока больше всех рискует Британия, столицу которой уже называют Лондонстан».

Президент фонда «Политика» Вячеслав Никонов «подозревает», что военная машина США не справится с решением всего комплекса задач: помочь наступлению Северного альянса, уничтожить военную инфраструктуру талибов, поддержать Узбекистан и предотвратить дестабилизацию в Пакистане. А это значит, что России придётся участвовать в операции «более интенсивно, чем предусматривалось в первоначальном заявлении Владимира Путина». По его мнению, понадобится не только укрепление группировки в Таджикистане, но и отправка российских частей в Узбекистан. Потому что если талибы всё-таки перейдут узбекскую границу, никто, кроме России, не поможет Узбекистану.

По Конституции РФ вопросы использования военных контингентов за рубежом решает Совет Федерации. Завтра он соберётся на заседание, но пока в повестке дня вопроса об Афганистане нет.

Как сообщил «Известиям» заместитель председателя комитета по международным делам Госдумы Михаил Маргелов, «национальным интересам России не соответствует на данный момент отправка "ограниченного контингента" в Афганистан», а наше военное присутствие в Средней Азии и так «достаточно обеспечено».

В Кремле дают понять, что президент Владимир Путин активно поддерживает связь с лидерами других стран, но большего содействия, чем сейчас, Россия пока оказывать не собирается.

«Россия поступает правильно, — заявил "Известиям" председатель комитета по безопасности Госдумы Александр Гуров. — Было бы непростительно, если бы мы вступили в военные действия, не разобравшись с Чечнёй, не залечив раны от последней афганской войны. У США существует оправдание их действиям. Для России военные действия наравне с американскими могут обернуться внутренней смутой и непредсказуемыми последствиями. Как ни странно, но мы находимся в более затруднительном положении, чем США. Мы — евразийское государство, на территории которого живут 20 млн. мусульман».

Отдел политики газеты «Известия»
9 октября 2001г.

В. *Отметьте знаком (−) те высказывания, которые не соответствуют содержанию статьи. Внесите свои исправления.*

1. Президент Путин отнёсся к удару США по Афганистану отрицательно.
2. Россия будет оказывать гуманитарную помощь вместе с другими странами.
3. Россия будет поставлять военную технику талибам.
4. Российские политики считают, что президент Путин выбрал правильный путь по отношению к этой войне.
5. Великобритания стала врагом номер 2 для талибов.
6. Вячеслав Никонов считает, что первоначальные заявления Путина были слишком оптимистические.
7. Михаил Маргелов и Александр Гуров согласны с Вячеславом Никоновым.
8. По мнению Гурова, действия США оправданы.

C. *Почему Гуров считает военные действия российских сил в Афганистане непростительными? Назовите все причины.*

3. 🗩 **Подготовьте сообщение-презентацию.**

A. *Сделайте презентацию одной из предложенных выше публикаций (упражнений 1 или 2).*

B. *Обменяйтесь мнениями с членами группы о вопросах, затронутых в выбранной вами публикации.*